每個人的
花期不同

允許自己是
那朵晚開的花

萬
特
特

　　　　　　　　　　　　　　　　一

　　　　　每個人的花期不同，

　　　請你允許自己是那朵晚開的花。

　　　　　　　　　　　　　　　　一

這個世界，有的愛轉瞬即逝，
有的愛浮於表面，有的愛充滿條件，
可小狗的愛永遠單純、熱烈且真誠。

老天不讓小狗說話，是為了讓人類知道，
愛和忠誠要用行動來表達。

「饅頭」和「花卷」隔著玻璃跟小貓聊天。

貓咪問小狗:「如何才能像你們一樣開心?」
小狗說:「忘忘忘!」

也許世界的本質是混沌和無序，
願你我都能找到心中那片澄澈的海。

歡 · 迎 · 來 · 到

可 · 愛 · 的 · 世 · 界 !

Contents

目次

—

輯 01

——

在路上

輯 02

───

發著光

自序

—

每個人的花期不同，
不必焦慮有人比你提前擁有

在夏末秋初，完成這本書。

不怕你們笑話，每本書完稿後，我都會酣睡幾天。那是一種什麼感覺呢？就好像從寫下第一個字開始，我身體的每一個細胞、每一條神經都在為我全副武裝而戰鬥。靈感爆棚的時候，它們陪我熬到凌晨 3 點；一整天只寫了 241 個字的時候，它們陪著我頹喪。

直到我敲下整本書的最後一個句號，它們也跟著我鬆掉了憋著的那口氣，於是血槽已空的我們一起「癱下來」休息。

對很多女孩來說，我是作者，是姐姐，是朋友，是樹洞。無論何種身份，我都感到幸運，只要有過交集，就已經是難得的緣分。

我想跟你們聊聊，我在 30 歲以後才想明白的一些事。

×　×　×

現在網路太發達，我們看到了太多同齡人的高分答案。

26 歲已經拿下五輪融資，27 歲財富自由，28 歲環遊世界。看多了，我們以為這就是「應該」，這就是「常態」，所以會下意識不自覺地否定自己，但其實你已經做得很好了，不要看別人發光就覺得自己黯淡。

真的沒有必要去比較，如今的時代，各方面有天賦、優秀的人太多了，不是說要你不求上進，而是不要通過跟別人比較來讓自己陷入焦慮。

不要為了還沒發生的事而感到焦慮不安，不要病態地去貶低自己，不要強求別人來關注自己，更不要因為自己的平凡而苛責自己。

很多事都是需要時間的，你想要的生活並不會馬上實現，你只需保持努力的姿勢，其他的交給時間就好了。

何況，人生中沒有什麼事是必須要做的。沒有必須要打卡的景點，沒有必須要品嘗的美食，沒有必須要討好的感情，沒有必須要成為了不起的人。

每個人的人生軌跡不同，怎麼走、往哪走，由你自己決定。在命運為你安排的屬於你的時區裡，一切都會準時到來。別怕來不及，但也請一步都不要停。

向上的欲望可以是無限的，但不妨礙你認可當下的自己。

✖　✖　✖

大多數女性一生都在證明兩件事：

一件是證明自己漂亮，另一件是證明自己被愛。

只有少數人早早清醒開悟，不再尋求他人的認可，明白比起自證，自愛才是女性一生要完成的課題。

女性的困境，是大量的金錢花在皮囊保養和服飾裝點上，是大量的焦慮花在不夠漂亮和擔憂變老上，是大量的時間花在尋覓對的人和維繫經營感情上。

於是，她們離最重要與最核心的能力、利益、潛力，以及自我實現越來越遠。

多數女性總是期望被人愛。擁有了這份愛，又要花大量

的精力去維持這份愛，可能有的人還會在愛的遊移變化中，自我攻擊和攻擊別人。

如此拉扯幾年，直到年華逝去。

期望有人愛而不得，得到了又恐懼失去，這是很多女性被動的一生，其實解藥就是解套，從「求一人愛」的套子裡走出來。

女性，她們有自己的思想、志向、天賦，還有美貌。我真的受不了聽到有人說女性生來就是為了結婚的。她們存在的意義，是為了生長綻放、實現自我、創造價值，而不是一生懸繫在「被愛」這條細細的絲線上，殫精竭慮，搖搖欲墜。

放棄對「被愛」的執著，主動積累愛的經驗。女性如果精神貧瘠，執著於被愛，過於渴望被認可，那無論她享有怎樣的能力與資源，都很難逃離現實的困境。

✖　✖　✖

至於大家都說的與自己和解，這件事完完全全由你自己說了算，你想和解就和解，不想和解也是你的權利。不想和自己的素顏和解，那就化美美的妝，接受不了自己肚子上的肉嘟嘟，就去控制飲食和加強運動。

同理，你如果喜歡賺錢的感覺，賺錢讓你擁有安全感，那你就努力賺錢。如果你認為旅行可以豐富、治癒你的人生，那你就收拾行囊出發，你開心就好。

別為難自己，真的沒關係。

實不相瞞，我一直覺得自己蠻好的，而且超級值得被愛。

誰和我在一起都會擁有很多生活的樂趣和開心，以及內心的平靜和幸福；誰弄丟我，我都不會認為是我的遺憾、損失，是他傻罷了。

幾年前我寫：真正的愛自己，不僅僅是你去了那家高格調的西餐廳，給自己買了全能乳液，又添了幾件名牌新款；愛自己，是你能在多大限度上尊重自己、忠於自己、肯定自己，那是一種來自內心的力量，幫你對抗最平庸的生活。

只有不再擔心別人怎麼看待你，不再從自身之外尋求肯定，你才能成為自己的主人。

那麼今天，我想更新一條自己對於「和解」的理解：**允許自己被否定，無須他人認同。畢竟人生沒有標準答案，你得先接受自己。**

✖ ✖ ✖

不要眼眶一紅，就覺得人間不值得，更不要把一時的不如意當作是大結局。

隨著年齡的增長，我明白生活除了積極以外，還要學會接受。接受並非所有的日子都是美好的，接受我喜歡的人，真的對我沒感覺，接受熬了幾夜做的方案被一兩句話全盤否定，接受犯錯、失敗、搞砸、被碾壓等。

當一切沒有按照我們的意願發生，也沒關係。

以前年紀小，覺得失去和告別是壞事，每每發生都會情緒崩潰，甚至放聲大哭。

現在明白了，散夥和遺憾是人間常事，你我都不是例外，你越是把自己看得獨特，你越容易受傷。什麼都要講究緣分，減少沒必要的社交、沒必要的猜測、沒必要的亂想，以及沒必要的玻璃心和比較心。

大家都會做錯選擇，會莫名其妙掉眼淚，但不妨礙我們看看晚霞吹吹風。生活如同海浪一般，時而平靜，時而洶湧，沒有誰的生活是完全順利並且絕對美好的。

人生最黑暗時刻，大道理沒用，「雞湯」沒用，蛋糕、火鍋、奶茶都沒用，就連家人和朋友的愛也只能減緩難過，卻不能擊退黑暗。

你問我拿什麼可以真正把你拉出來。

當然是你自己，是一分一秒熬過去的你自己。

福禍相依，好壞並存，有鮮花就有荊棘，有獨木橋就有陽光道，別急著擔心和焦慮，這些都是人生的必經路程。

當你深陷低谷、時運不濟、被人看扁的時候，也是你即將迎來高光時刻的時候，因為老天會把最好、最閃亮的東西，放在苦難的另一邊。

不回頭看，也不批判那時的自己。就算重來一遍，以當時的心智和閱歷，還是會做出差不多的選擇。

✖   ✖   ✖

我知道有些人喜歡我，喜歡的是我開的花，他們願意過來聞一聞我的花，抱一抱我的葉。但並不想給我澆水施肥，更不想面對我盤根錯節在泥巴裡的根。

但後來我也想開了，即使他們只是因為我的閃光點而普普通通、流於表面地喜歡一下，我也會因此而感到驕傲。泥土裡醜陋的是我，陽光下盛放的也是我。

人與人之間能有一點吸引就已經難得，在未來遭遇人生不順的時候，我也會因為得到過這些喜愛而知道，至少曾經有人被我所吸引。

曾經有，以後也會有。

有人說三十歲那也太老了，可這才是我們來到這個世界的第三個十年。在前兩個十年裡，我們沒辦法自由地喝酒、開車、旅行，或者對自己的行為負責。

三十歲是花園裡剛剛盛開的花朵，是我們生命中最好的年紀，身體健康，親人安在，賺錢的機會變多。十年懵懂、十年讀書，三十歲才是人生的開始。我們可以做任何自己想做的事，也可以不做任何不想做的事。

為了自己所期待的事情而不斷進步；大膽擁抱愛情，還懂得自我保護；知道自己喜歡什麼、應該遠離什麼；去做你想做的，哪怕錯了也沒關係，至少你可以去反思、去流淚。

你不會比上次更傷心，每一朵小花都有她的盛放和凋謝，沒什麼好怕的。

三十歲，極其接近理想中的十八歲，而我們剛好成了一個很新的大人。

✖　✖　✖

親愛的女孩，不要生自己的氣，不要懷疑自己、譴責自己，不要追問自己為什麼不是玫瑰，我們也可以是歲歲枯榮、生生不息的野草。

就算努力了很久仍沒有看到想要的結果，也請別灰心，因為你也是很用心才走到這裡的。不必糾結於誰比我們更厲害，也不用太過於苛責自己，只要每次都竭盡全力、不留遺憾地付出就好了。你不需要成為別人期待的模樣，也不必跟誰比較。

人生從來都沒有什麼是必須要經歷和必須要完成的，早起或者晚睡，工作或者進修，結婚或者單身，想怎麼選都是你可以掌握的。

要知道，並不是所有人都適合學術研究，並不是所有人都適合化濃妝，並不是所有人都喜愛追趕潮流，千萬不要陷入大眾所限定的條條框框中，不要被世俗的聲音絆住手腳，就算這道題不會解，就算這個人愛而不得，就算這道坎是你心裡的疤，都沒關係。

人生只要還得過下去，日後照樣可以風生水起。

✖　✖　✖

網路上總是在強調個人的力量，比如乘風破浪、披荊斬棘、全力以赴。

然而作為平凡的個體，我們終究會懂得：其實這一路的困途與厄境，哪有什麼波瀾壯闊的舉動，有的不過是，勉強忍

著想要逃離和回避的心，一步一個腳印，往前走。

　　這一路，是自己一個人解開心裡一個又一個結，允許自己犯錯，允許自己是那朵晚開的花。

　　星星從不在意自己在宇宙中的座標，只要努力照亮屬於自己的空間就足夠閃耀。希望我們都能坦然地面對自己，接受自己，同時完善現在的樣子。

　　這一生能夠做自己喜歡的事，能夠熱愛自己所選擇的生活，就已經很好很厲害了。期許自己活得更真實，接受甚至喜歡自己身上起伏的每一部分，懂得處理和欣賞各種欲求，我們要先喜歡自己，才能更喜歡這個世界。

　　親愛的女孩，想像一下，三年後你真的成為自己喜歡的樣子，你喜歡的一切都在身邊。

　　那此刻的你，真的不想為自己再努力一下嗎？不要怨懟命運不公、起點太低，還是把有限的時間和注意力放在提升自己、磨鍊上吧。

　　路會自己展開，請你務必一路向前走，向著屬於你的榮光狂奔，在摩肩擦踵的人群裡，不會因為平凡而感到心慌，而是心有底氣，酷酷地走下去。

　　希望你在自己的一方世界裡熠熠生輝，閃閃發光。

祝你，祝我，祝我們。

把自己還給自己，讓花成花，讓樹成樹。

我在一個普通的週五下午寫下這些字，如果你讀到這裡的時候恰好也是週五，那麼見字如面。

如果不是也沒關係，不管是哪一天，我都希望你快樂。

這是一位讀者在迪士尼寫下的新年願望。
有時候覺得自己何德何能呢，
被人真誠地喜歡和祝福著。

在書店偶遇自己的書。

《這世界很好，但你也不差》出版後，

我開始被更多的人認識、熟知、喜愛和重視。

這本書，帶給我很多光。

/

01

結婚不用催，
地上有錢誰不知道撿

在討論婚姻和人生之前，
首先我們得是一個人，
一個真實的、具體的、
活生生的、有自己獨立意志的人。

這與我們是否結婚生子無關，
女性的價值更不需要用婚姻來加持。

關於結婚這件事，我早就想寫了。但因為話題敏感，遲遲沒動筆。

再一想，跟著我一起成長的讀者們，如今也有不少人面對這個問題，所以我想跟大家分享幾個婚戀腳本。

✖　✖　✖

國慶的長假，除了外出旅遊之外，也是大家舉辦聯合婚禮的大日子。

Darcy 參加了五場婚禮，其中一場還是伴娘。假期最後一天她才有自己的時間，於是我們約好一起去動物園看熊貓，享受假期的餘溫。

Darcy 說：「你說他們年紀輕輕的為什麼要結婚？是有多想不開？」

我被她的話逗笑了：「人家年齡正好，怎麼就不能結婚了？」

「我真的搞不懂，哪怕真的愛一個人，談戀愛不好嗎？世界多大多美好，自己喜歡的事還沒做完，就要跳進婚姻裡，不划算！」

「這話你跟我說說就好，可別回家說，家人會擔心。」

「你有沒有在你的書裡告訴那些小女孩，結婚一定一定不能草率？」

「說過千千萬萬遍了。」

「太不划算了！」

「你好好堅守你的婚戀觀，別人好好經營婚姻，互不衝突嘛。」

Darcy 猛吸了一口咖啡，搖著頭。

其實，Darcy 的想法在如今這個時代早已算不上另類。

尤其是各種大資料鐵證如山，表明近些年的結婚率逐漸降低，而離婚率持續走高，使得許多年輕人開始有些恐婚。

談婚色變，已經成為一些人的常態。

Darcy 今年 29 歲，小學音樂老師，空閒時開直播彈琴，翻唱自己喜歡的歌。爺爺奶奶、外公外婆去世前，給她留了幾套房產和七位數的積蓄。Darcy 父親做生意，母親在高校任職，過兩年退休，家境小康。

她覺得目前自己的生活很幸福：擁有一份收入穩定的工作，父母身體健康；下了班開車出去和朋友們見面，喝啤酒、兜風、聊音樂、聊夢想，還有一個相互喜歡的男朋友，戀愛 3 年了。

Darcy 從來不是一個嚮往婚姻的女孩。在長輩們的婚姻生活中，她目睹了太多不能理解和難以接受的故事，但逢年過節，親戚朋友們在一起，她少不了被問：「打算什麼時候結

婚？不結婚，看到別人逢年過節歡聚一堂吃著團圓飯，就不羨慕嗎？」

「羨慕什麼？飯誰做？碗誰洗？又是誰的親人團圓了？」

對催婚這件事，Darcy 從不嘴軟。

✖ ✖ ✖

關於結婚這件事，大家總是不相信有些女人的興趣點真的不在愛情或婚姻上，也不相信在沒有愛情或婚姻的日子裡，女人真的照樣也可以把日子過得有聲有色。

我不是鼓勵大家不戀愛、不結婚，我自己就是一個很享受愛情的人，我覺得談戀愛沒錯，不結婚沒錯，結婚也沒錯。

你可以說我在這件事上沒有原則，可有些事本來就很難判定對與錯的，何況是結婚這件在世俗觀念裡非常重要的事呢。

對於那些催婚的人，我想說，你不能因為自己過上了某種生活，就認為這就是世俗意義裡絕對正確的選擇，就希望甚至要求別人也得去過某種生活。

以「過來人」和「為你好」來對年輕人的命運進行規勸，認為結婚就等於幸福，單身就等於不幸福，不結婚就是「離經叛道」，那就很沒意思了。

我相信，大多數的長輩或親戚真的愛晚輩，希望我們有人愛護，有人照顧。

但上一輩的人，好像很難肯定「女性除卻家庭角色之外」的人生定位，好像中年相夫教子，晚年有兒有孫，才是女性完美、圓滿的一生，才是「沒白活」的一生。

他們還會說，只要你結婚，他們的任務就完成了，也不知道是哪個神祕組織給他們下達的任務。

用「嫁人來證明自己是有價值的」這件事本身就很可悲，如果一個女性不被愛、不結婚，活著就沒價值了嗎？

別鬧了，時代變了，女性的生活觀也變了。

✴   ✴   ✴

Darcy 的理論是，只要我們彼此相愛，一天一天，一年一年，結不結婚有什麼重要？我們只不過是換了一種形式生活而已。

只談戀愛不結婚這件事，並沒有傳統的腳本可以參考，兩人需要摸索自己的戀愛腳本。比如，在不結婚的情況下，是分開住還是同居？如果選擇同居，如何置辦房產和裝潢？

但我相信，沒結婚不等於不可以享受健康的愛和親密關係。

我不明白，各行各業都要考取證照的今天，為人伴侶和為人父母居然不需要考試。

那麼，比起迷迷糊糊踏入婚姻，有的人更想要成長得扎實一些，再判斷自己到底適合怎樣的生活方式。恕我直言，從這個角度來講，謹慎一點反而是對婚姻的尊重，比那些頭腦一熱就結婚生子要好很多。

個人能力和自己生活水準的相關性更是息息相關。

只談戀愛不結婚的人，想要生活得幸福，就需要有能夠獨立承擔物質保障的能力，以應對人生中各種不確定的風險。

結婚並不意味著幸福，但同時，另一個殘酷的事實也必須要被提出——不結婚也不意味著幸福。幸福從來都不取決於你是否選擇結婚，而取決於你選擇如何度過你的每一天。

✖　✖　✖

子嬌結婚了，新郎不是她年少時喜歡的那一位，這倒也沒什麼稀奇。

她是海歸碩士，家境好、學識高、樣貌佳，各方面都優秀。她高中的初戀，那個男孩子高三沒讀完便輟學了，從家裡拿了點錢，在校門前的十字路口開了一家小吃店。

我對那個男生印象不深，只記得帶點痞子氣。他怎麼看

都不像是和子嬌能走到一起的人，可兩個人卻偏偏在一起長達五年。

那時候，子嬌偶爾蹺課去幫他看店。有次她爸爸來學校找她，我發訊息告訴她，她急急忙忙跑回來，被校長撞個正著，給了處分。

子嬌總是說，她男朋友做的炒年糕是全世界最好吃的。

你們有沒有覺得，小城市的戀愛有種天然的故事感？

兩個人騎著單車從小巷穿過，彷彿是貼合著青春小說裡慣用的經典情節。可惜青春小說的紙頁，慢慢變潮濕，最後連字都看不清。

後來她考到大學，接著出國讀碩士。時間一久，因為這樣那樣的矛盾，兩人終於分了手。那之後，她有很長一段時間沒有戀愛。

我是故事的旁觀者，只能按照時間順序，那顆心怎樣沉浮，大概只有她自己懂。

婚禮現場，臺上的子嬌美得不可方物。聽說婚紗是紐約設計師的作品，又大又閃的鑽戒引得姐妹們連連羨慕。

旁邊的朋友用胳膊碰碰我：「你知道她老公的背景嗎？」

「不知道。」

「是位頗有名氣的律師，自己有間律所。」說罷，朋友

打開網站，輸入新郎的名字，然後遞給我。

　　看我吃驚的表情，朋友接著說：「他倆才談了半年，雙方家長都滿意，於是婚事很順利就定下了。可真是門當戶對，比那個誰強多了，怎麼看都像是天生一對。」

　　高中時，我看了很多校園言情小說，書裡的男女主通常會在高中或者大學相愛。因緣際會，分手是必然會上演的情節，主角最終和一個不相干的人結婚。

　　原來，文學作品早早地就告訴我們，年少時的愛情美好但易碎。

　　不奇怪，少年人的交往是可以不計後果的，但成年人的婚姻卻有著嚴格的「適配規則」，學識、家世、閱歷、三觀，諸如此類，還要有社會地位、經濟能力的加持……

　　成年人的「適配標準」比青春期要嚴苛許多。

　　年輕時我們總會貪戀波瀾起伏的羅曼蒂克，要轟轟烈烈，要至死方休，覺得只要兩個人彼此喜歡便可以長長久久在一起。而步入社會之後，便會更嚮往細水長流，覺得不需要過多曲折，平穩而妥當即可，理智而溫和的愛，才能讓人覺得安心。

　　我們不想再種樹了，我們想乘涼，這也沒什麼好壞之分，只是成長罷了。

對我們絕大多數人而言，有一個「選擇」尚且不易，擁有金錢和愛情兩全的「完美選擇」更是難上加難。

於是大家也「想開」了，抓住一個也行，總不會太虧。

× × ×

這幾天一直在下悶熱的雨，空氣中彌漫著潮濕。

我在家裡一個字也寫不進去，晚上便去了朋友邱天家。邱天煎的牛排真是一絕，期間我們兩個人喝了一點小酒，在微醺的狀態下說了一點心裡話。

「上次看見你媽，阿姨對你結婚的事，心裡可急了，跟我打聽你有沒有男朋友。」

「下次我媽再嘮叨，你就找藉口敷衍過去。」

「為什麼單身那麼久，還不開始新的感情呢？還是因為他嗎？」

她倒酒的手突然停下來，笑了笑：「倒不是因為他，是我自己的問題。」

邱天說，總覺得以前的自己活得不夠尊重自己，總是把太多期待放在戀人的身上，一投入感情當中就像是沒有腦子的傻瓜一樣，毫無節制地想要去付出全部。

現在呢，更多的是想取悅自己，花時間愛自己、豐富自

己，這樣自己才會多一些底氣。

邱天的上一段的感情，我知道始末。

那時候邱天還在北漂，一個人剛到新城市不久，每天只在公司和家之間來回折返，其實也算不上是家，不過是公司附近便宜租來的房子。

一同進公司實習的一個男孩同她住一個社區，兩人慢慢就順理成章地一起上下班。男孩對她照顧有加，邱天心裡知道對方不是自己喜歡的類型，但被照顧的感覺，真的讓人很難拒絕，不是嗎？

男友工作能力出眾，晉升很快，同時也就意味著要見的客戶越來越多，出差越來越頻繁。有段時間，邱天把愛情當成了生活裡的全部，經常會疑神疑鬼，患得患失，半夜還要打電話過去確認男友房間有沒有其他人。不僅弄得兩個人之間很不愉快，自己的工作還一團糟，幾次遭到部門領導的辭退警告。

後來男友因工作安排調配到異地，藉此提出分手。她一度情緒崩潰，期間還幾次飛去找她想要挽回，可惜連對方的面都沒見到。

對方的決絕，讓邱天度過了至今人生當中最黑暗的 3 個月。

不過值得慶幸的是，她沒有頹廢很久。

不久，她回到了老家，開始重新投簡歷找工作，由於之前算是有點工作經驗，因此重新起步沒那麼吃力。她吃著蔬菜沙拉，喝著苦澀的黑咖啡，堅持打卡健身操，就連很久以前收藏過的化妝穿搭視頻，也開始認真學起來了。她一遍遍看網課，做筆記，畫思維導圖進行複盤，默默積蓄能量，只待破繭成蝶。

她也不再提前任，也不在公開場合上抱怨。

如今距離那段感情已經過去了兩年的光景，現在的她更加成熟和獨立，成為大多數女孩都會羨慕的那種女生。

她現在提起前任的時候，特別雲淡風輕。有些人的出現，就是為了讓你成長，讓你自我反省的。

✖　✖　✖

我知道你遲遲不肯愛人，是因為你的心如果想回到最初那般平靜、堅定，首先得一步步踏過自己碎成玻璃渣一般的回憶，重新定義自己。

以前累了、熬不住的時候，常常想著如果能找到座靠山就好了。

後來發現，所謂靠山，全是陷阱，有些荊棘不平，有些密不見光，有些寸草不生，有些滿布豺狼。

而重要的是，你被什麼庇護，就會被什麼限制。能為你遮風擋雨的，最後同樣能讓你不見天日。

於是一直尋尋覓覓，也一直兩手空空。

直到某一天幡然醒悟，終於成了自己的那座山。

好女生該有的戀愛觀，一是不因寂寞而隨便開始一段感情，二是保持自我和經濟的獨立。

單身的人仍然擁有一種獨特的體面，那就是不用把心放在另一個人身上，如履薄冰，時刻擔心，小心易碎的體面。

愛情，有時會姍姍來遲，但走得慢、來得晚都沒關係，只要它是真的。而所謂的好運氣，只有當你單純地不帶任何私心雜念的時候，它才肯降臨。

期待愛情沒有錯，只是在那個人到來之前，你要做的就是先替他照顧好自己。即使你是一個人，也可以有五光十色的生活。

一個能給自己提供正能量的人，一個能溫暖自己的人，才能不憂不懼。緣分到了，便去伸手抓住；緣分未到，就讓自己活得精彩。

不是有了緣分生活才會精彩，而是你自己的生活精彩了，才會吸引緣分。

願你能早一點明白，對於長久地維繫一段親密關係而言，好的性情比好的外貌重要，反思自我比洞悉對方重要，修養品德比掌握技巧重要。

　　對於獲得更多的人生的滿足感而言，成就一個自強獨立的自我比成功地維繫一段親密的兩性關係更重要。

　　無論你將來會遇到一個什麼樣的人，過上一個什麼樣的生活，生活都是先從遇到自己開始的。

✖　✖　✖

　　還記得嗎，在電影《剩者為王》裡，女主角特別想嫁人的時候，自己一個人去試了試婚紗。

　　瞧，這世上哪裡會有人喜歡孤獨？只不過是選擇的路不同，承受和換來的東西也不同罷了。

　　有些人，尤其是優秀的人，他們單身並不是因為什麼不敢再愛，不是怕受傷，也不是還忘不了誰，現實生活裡哪來那麼多愛情劇本裡的狗血原因？無非就只是因為還沒有碰到一個真正讓其心動的人。

　　能陪我走一輩子的人還在路上，在那個人來之前，我不怕孤單，寧缺毋濫。

這樣的人，能夠做到關注自己的內心多過別人的評判，不願勉強和委屈自己，有對抗周遭輿論的勇氣。他並不一定要追求完美，只是想要找到最想要的那個，沒有就等，寧願空著缺著，也不願意隨便將就。

　　在這個曖昧比戀愛更加氾濫的年代，單身其實也是一件很奢侈的事——我不擔心相見恨晚，好聽的歌不怕老，值得的人無論多久我都願意等。

　　其實，單身是一種與自己的等價交換，你用獨自吃飯、睡覺、逛街、生病了一個人打點滴的代價，換來你可以一覺睡到自然醒，以及說走就走的逍遙自在。

　　而婚姻卻是與另一個人的等價交換，你用忍受老公犯懶、孩子哭鬧、老人要照顧、一地雞毛蒜皮的成本，得到圍城裡的相互扶助照顧，有人為你遮風擋雨。

　　在這個世界，孤單永遠與自由並存，依賴也永遠與束縛同在。

✖　✖　✖

　　我聽過一個博士生導師的講座，老師說：

　　男人的閱歷、責任感、成熟，跟年齡沒有太大關係，跟

他的經歷有關。時間久了，你會發現男人的長相和甜言蜜語並不重要，重要的是承諾能否兌現。這個世界上真的沒有完美的婚姻，無論你和誰結婚都會有後悔的衝動。

有錢的沒有時間，有時間的沒有錢；長得好看的誘惑多，長得醜的自己看不上；老實的人，你覺得無趣；有趣的人，你可能覺得他比較懶。

就算和你愛的人結婚了，你能愛他多久呢？這也是一個問題。那些婚姻幸福的人，並不是找一個對的人，而是彼此都選擇看見了對方好的一面。

同理，這世界上，就沒有完美伴侶這回事。

任何事物都具有兩面性，何況是人這麼複雜的動物呢？**說得直白點就是，你男朋友身上有多少優點，就會對應有多少缺點。**

比如一個溫柔體貼、對你言聽計從的伴侶，他的那份體貼的背後也許是內在的軟弱。因為從小有個強勢的媽媽，讓他習慣了通過迎合、討好去獲得愛的生存策略。

這樣的人，大多數害怕矛盾衝突，扛不了大事。

比如，他做事雷厲風行，擁有權力和金錢，能滿足你慕

強的心理。但你想想，他是蹚過多少泥濘、背後挨了多少刀，才一步步爬上去，才獲得今天的財富。

這樣的人，往往心機深沉，在終身伴侶面前，也不會以單純的心態來面對，他對你多半是話裡有話，試探多過坦誠。

當你選擇一個人，你必須知道獲得的背後需要付出什麼。

不要幻想可以輕易獲得一個人全部的愛，我們應該要去做的是，去交換。請你好好想一想，你看重什麼，需要放掉什麼，心甘情願地與自己的欲望、幻想、不完美和解。

其次，無論你和誰結婚，其實都是和自己過日子。

你發現沒有，你的追求、夢想、痛苦和快樂，很多時候別人是無法感同身受的。婚姻當中不幸福的原因，很多就是因為你總以為現實應該和你想的一樣。

你老是想著去改變對方，結果改變來改變去，卻發現一點用都沒有。

婚姻也好，戀愛也罷，要培養的從來不是別人，而是自己。

越優秀的人越能吸引到優秀的人，而是否優秀，由外在價值及內在價值兩部分來判斷。

這個世界，外在價值能讓別人喜歡你，但只有內在價值能讓人愛上你。

患得患失，控制欲強，頻繁查崗，嘴硬心軟，得理不饒人，這些行為不代表你外在不優秀，但可以折射出的是你個人內在能量並不高。

搞事業需要能力，愛情同樣需要。

指望婚姻或愛情幫你解決內心焦慮及不自信問題，單純抱著索取的心態，即使讓你遇到了愛情，也難以駕馭。就像一個不懂開車的人，強行上路，最終只會翻車，釀成事故，害人害己。

你會遇見什麼樣的人，取決於你內在能量有多高。這不是玄學，而是科學。

✖　✖　✖

每個人都在反覆討論，該不該結婚，結婚會讓我們拋棄什麼、損失什麼，但仔細想想，那些都是結婚的條件，不是結婚的理由。

也許結婚並不需要理由，那麼不結婚也是同理。

沒必要糾結，只需跟著你的心走。結婚很好，但不結婚也沒錯。

是否為獨立女性和是否結婚沒關係，別被世俗的流程影響。你首先是一個人，你具備自主選擇權──是否自願成為誰

的妻子、誰的媽媽。只要你能承擔每一種選擇所帶來的後果，甜蜜或焦灼，後悔或慶幸。

　　兩個人的時候，好好相愛。
　　單身的時候，好好享受單身。

　　呵護好自己的內心和家人。受傷時，安靜下來，自我療癒；快樂時，與人分享，共同喜悅。
　　我們一起去過一種尋常的人生，擁有平靜的心態，把普通的生活過出屬於自己的特別，就已難能可貴。

/

02

他並非無聲的海，
只是不為你澎湃

「很好奇為什麼明明心裡知道答案，卻非要問清楚。」
「因為大家都沒辦法接受自己看錯人吧。」

以委屈、為難、失去自我的方式，
來獲取對方虛無縹緲的關注，
是非常愚蠢的行為。

你可能不知道，大多數的愛而不得、遇不到稱心的另一半、故事結局的事與願違、感情中的矛盾不和，並不是你或對方不夠優秀、不夠好，而是你深陷在感情誤區裡。

小言在半年前，遇到了理想中的意中人，顏值、身高、談吐都正中紅心。

關鍵是那個男生撩起人來很主動，特地從異地搭飛機給小言過生日。他們互相把對方設為置頂好友，聊了無數個相見恨晚的通宵，在煙花綻放的夜空下接吻。

但當你遇到一個處處都滿足你幻想的人時，你反而要啟動警戒系統。那或許只是糖衣炮彈，金玉其外，敗絮其中。

果不其然，一段關係如果模糊地開始，就會模糊地結束。後來對方開始頻頻玩消失，不聯繫、不出現、不解釋、不否認。

「你說他到底還愛不愛我？」
「如果他不愛我，為什麼不肯直接告訴我？」
「為什麼之前跟我打得火熱，突然冷了下來？」

小言因為這幾個問題耿耿於懷很久，給我發了很多篇小作文。

她說她想不通，自己明明很優秀，為什麼對方不肯向她

坦白和承認，非得用冷暴力的方式逼著她放棄，她不是那種死纏爛打的人。

　　我明白所有失戀後的女孩都想要一個肯定的解答，曾經我也一樣。

　　這也是戀愛後女孩最容易犯的一大錯誤，她們總以為男人不愛了會直接說明，沒得到明確的答案就是還有機會，於是糾結著、糾纏著，導致自己情緒時好時壞。

　　但事實是，有的人就是不會給你明確的回覆，說他性格問題也好，說他懦弱不願面對也好，說他不夠愛你，敷衍了事也好。

　　一個男人如果真的想要跟你繼續，一定會有明確表示的。如果他能一直忍住不找你、冷落你，你就別為他再找任何藉口了。

　　答非所問就是回答，敬而遠之就是不喜歡，沉默不語就是拒絕，猶豫不定就是撒謊。

　　答案那麼重要嗎？你沒有其他事情要做嗎？他的態度還不夠說明一切？對方的冷心冷情也不能讓你清醒？要不到答案的問題，就別問了吧。

　　人人手機不離手的年代，沒有人會憑空消失，大家都只跟自己在意的人聯繫罷了。

不要追逐那個離開的人，對離開你的人抱有執念、期望和依賴，只會讓你痛苦。沒有回覆就該明瞭，答非所問便是答，避而不答是已答。

喜歡就像乘法，只要一方為零，結果便為零。

成年人的世界裡，早就告別追問了。「去者不可追」這道理百分百是正確的，有些事情沒必要追問，你回頭看看所有細節，就心知肚明。

✖　✖　✖

「是我哪裡不夠好嗎？」
「是我不夠漂亮嗎？」
小言追問。

我們女孩，真的很愛給自己的不被愛、被放棄、不被最終選擇找合理的原因。戀情可以結束，曖昧可以搞砸，當那段關係粉碎的時候，我們覺得一定是有原因的。不斷攻擊自己，好像只要是自己不夠好，就能坦然接受愛而不得一樣。

於是，小言有段時間像著了魔一般想變優秀，費心經營朋友圈，試圖喚起對方的後悔。

但我說實話，問一個男人為什麼不愛你，這是一道無解

的考題。愛情本來就是不可預測、不可掌控的。這輛過山車突然疾速轉彎，比你想像的可能還要隱秘、乖僻、沒有理由。

以委屈、為難、失去自我的方式來獲取對方虛無縹緲的關注，是非常愚蠢的行為。

真的不用把一段戀情的起承轉合，尤其是把對方的轉身，歸咎到自己身上。以為找到自己「不被愛的原因」，就可以對症下藥，實在有些天真。

沒用的，人長大就會發現，很多事情根本就沒有原因，我們能做到的只是接受結果。你就算正經八百去問對方，真去伸手戳穿那張紙，眼前也可能只是茫茫一片，膚淺蒼白。

至於質疑自己長得不夠好看，是不是因為工作不夠好、沒有很好的出身等，我只想說，大可不必這樣想。

看了那麼多女明星被辜負的八卦，你還不明白嗎？他不愛你的時候，你就算美得像天仙，且有錢有資源都沒有用。

畢竟，被愛的前提不是漂亮，被愛是幸運。

奉勸女孩們一句，下次遇到同樣的事，直接說一句「好的」，然後就頭也不回地離開。即使眼淚噴湧而出、心痛欲裂也千萬別回頭挽留。

如若對方有情，自然會錯愕於你的瀟灑，疑惑你的態度，繼而胡思亂想，不甘心，最後甚至開始後悔當初的魯莽。

如若對方無情，別說你那幾句矯情的話，即使一哭二鬧三上吊，他也日子照常過，臉不紅心不跳。

允許生命有遺憾，允許求而不得，允許不圓滿，是一個成年人應該有的素質和修養。

沒什麼大不了的，真的。

✖ ✖ ✖

我站在33歲的年紀，想對在情海沉浮裡的小女孩說：「不要研究男生。」

他們，不值得研究。

為什麼愛你，為什麼不愛，他們有沒有感受到愛意消減的痛苦，會不會共情你被突然放棄時的傷心，就更不值得研究了。

不被愛，你沒有錯，他也沒錯，只是不愛了而已。

「那辜負我，他會後悔嗎？」

「你只需要知道，他錯過的是他曾經擁有過的天花板，他能辜負你，說明他對美好的人和事沒有感知力，也不懂珍惜，

而這種機會，上天不會給他兩次。親愛的女孩，好好往前走就行，之後你們兩個人的運氣都會均值回歸，他的上限是你，你的下限是他，這段感覺不過是你這一路扭傷一下腳而已，可能會有點痛，揉一揉就會好，而他一生的巔峰就是遇見你。你該慶幸以後你們回到各自的軌道，永不相交。」

年輕可以試錯，非要撞了南牆頭破血流，才知道什麼樣的創傷藥最好，什麼樣的人不能愛，也會知道該如何繞開那些彎路，如何不讓自己受傷。

可是人生卻不允許你一錯再錯，如果可以，在面對愛情的時候，適當理性一些。年輕不是放縱的藉口，有些得不到回應的愛，有些消耗磨損你身心的感情，有些對你來說不適合的人，要趁早離開。

不要把感情失敗看得很嚴重，就跟你吃一顆外表看起來正常的花生，剝開吃到嘴裡才發現壞了，沒關係，吐掉，吃下一顆就行了，跟你是個什麼樣的人完全沒關係。**別懷疑自己。**

✖　✖　✖

一個人，如果沉迷於戀愛而走不出來，本質上是沒有自我。

不知道自己想要成為什麼樣的人，想要擁有怎樣的生活，不知道自己的夢想是什麼，往哪裡走，跟自己的感受和生活失去了連結，才需要通過戀愛、被愛來確認自己的存在。

　　這樣一旦進入戀愛，就容易把自己僅有的美好性格、品質都抹掉，變得失去自我。

　　我們會遇見誰，愛上誰，都不以個人意志為轉移。

　　只是在這個過程中，你可以擁有自己的意志，發揮主觀能動性，選擇保持一顆怎樣的初心，以怎樣的方式去對待別人。

　　很多人不斷將自己的崩潰、絕望、失望、聲嘶力竭歸咎於愛情。

　　但其實，問題一直都在你自己身上，只不過以前沒顯形罷了，談一次戀愛，遇到個喜歡的人，讓所有的問題無所遁形，僅此而已。

姐妹們，醒醒！
愛情不是救命稻草，也不是靈丹妙藥，它只是探尋自我、認識自我、享受自我的一個輔助工具罷了。

　　＊　＊　＊

　　前幾天和一位姐姐聊天，講到自己這些年最大的變化時，

她說，她發現自己已經不再執著於被愛了。

我也感同身受。

年紀小一點的時候，我覺得愛是任何事情都要報備，是每天和我聊到深夜，是寫不完的情書，是說不盡的甜言蜜語。後來我對愛有了進階的理解，認為愛最重要的是包容、妥協，是放肆也是克制，甚至希望自己能夠得到無條件的愛。

但抱著這樣的心態去談的戀愛，往往以自己不斷的失望和心碎作為結局。因此我也會反覆地思考和灰心，去追問自己是不是不值得被愛。

到今天，在經歷過被辜負和辜負別人之後，我仍認為愛是很重要的東西，但它不再是我的執念、追求。

如果我們只通過他人對我們的否定或者認可，就去評判自己值得被愛的程度，那麼只會在他人的眼裡苦苦掙扎，所做出的事也難免在刻意討好對方，讓自己變得壓抑和不快樂。

不需執著於被愛，而是把去愛的權利和掌控感還給自己，是每個女孩成長的必經之路。

如果你愛我，那你真有眼光，如果你不愛我，我只會說：「沒關係」。

✖ ✖ ✖

我看過一個貼文：學歷、長相、家境都一般的普通女孩會被人真心喜歡嗎？

高聲附和回答如下：當然會。只要你能接受那個喜歡你的人學歷、長相、家境都跟你一樣普通。

這個回答戳到了我，也戳到了這個柔軟問題的堅硬核心。這回答並不深奧，卻是十分透徹。

恕我直言，絕大部分人都會把自己想像得比真實的自己要「出色」很多。我們更願意幻想自己和那個喜歡的人是全天下最特別的一對，而不是跟自己一樣平平無奇的人過普通的一生。

我們逢人就說想找到「對的人」，然而真來一個跟自己水準相當的人對你表達心意，你又難免會「嫌棄」他好普通，不會發光，要怎麼喜歡？

沒關係，這不可恥，也不丟臉，慕強是人性而已。人都是既要、又要、還要的生物。我當然也如此。

我想起從前我喜歡過的每個人，都無一例外有著優秀的學歷、好看的臉。可是不怕告訴你們，很遺憾，在這些人的身上，從未見證過誰對我有著滾燙的真心。

所以，那些看起來好看、聽起來好聽的東西，都只屬於他個人加成而已，他閃閃發光這件事跟他愛不愛你沒有任何關係。

愛真的不是拿著紅筆一項一項去模仿，不是情感專家眼裡的交換遊戲，而是你在彼此的相處中發現對方的某種特質治癒了你的隱疾，融化了你的心傷，是茫茫地球上一瞬間發生的小型奇跡，是荷爾蒙曖昧的相撞霎時到達惺惺相惜的理解，是煙花綻開的光亮同時照到了情人的眼眸，是幾十億人裡普普通通的兩個人突然之間變得心靈相通。

你的人生都會因為那個人的出現而變得穩妥、有力量，再然後，你才驚覺原來這個看似普通的人，有專屬他的好。

希望我們都能像藝術家黃永玉先生寫的那樣：

明確的愛，直接的厭惡，真誠的喜歡。站在太陽下的坦蕩，大聲無愧地稱讚自己。

切記，愛不是追星，不必拿嚴苛的條件作為衡量自己愛意的單一天秤。

我們要的，始終是一顆真心。

✖ ✖ ✖

說到真心，這話題就更複雜了。

如今社會，大家對待感情的態度似乎越來越隨便，能拿出一分真心的都是珍稀動物，被欺騙、被辜負好像成了稀鬆平常的事。

這個世界上有太多說愛你卻又不好好愛你的人。他們說愛說喜歡，對你道著早午晚安，看上去比 24K 黃金還真，可堅持一段時間就現出原形。

好似花花世界，撩著玩玩而已。

小杜和前任分手的時候，沒有人覺得可惜，因為大家都看在眼裡，這對她而言無疑是種解脫而非遺憾。

在愛情裡，她是個死心眼，認準了誰就對誰往死裡好，什麼洗手作羹湯、陪遊戲陪旅行，從不說一個「不」字。

她全心全意付出著、愛著的那個人，一邊全盤接收她的好，一邊又貪戀外面的花花草草。

最開始小杜就算哭紅了雙眼，也依舊能被對方三言兩語的保證騙得繼續待在他身邊。但後來失望累積成海，她終於看清自己在對方心裡的位置，於是頭也不回地走了。

卑微的愛開不出花來，卻能滋長肆無忌憚的傷害和不知好歹的猖狂。

一個人真心喜歡你是什麼樣子？

我想，可能羞澀，可能笨拙，但絕對不會是明知你會傷心還為之。

「專一」是男生最高級的性感。

真正的愛，是「你一出場，別人都顯得不過如此」，會覺得別人索然無味，像是沉浸於層次豐富的小說，無法自拔。

那種踏實的感覺，讓你沒有什麼好顧慮的，所以這段感情徹徹底底，不需要你再用別的什麼去對比、定義、證明。

有些人將「愛情裡，一旦認真你就輸了」奉為戀愛秘笈，卻不知愛情是很公平的東西，不走心就一定會輸，都不用意外。

✖　✖　✖

一個人若是心裡有你，你根本不必討好；若是心裡壓根沒你，那更加不必。

只有在喜歡的人也很喜歡自己的時候，你才可以把姿態放低，低到滿地打滾，他也會跟著你打滾。如果不是這種情況，那麼姿態越低越可笑，兩個人都尷尬，坐也不是，站也不是，搞不好你滿地打滾的時候，人家只當你是掃地機器人。

不對等的戀愛關係，說到底都是深情的那個人賦予對方

的權利。愛情雖然沒有絕對的公平，但長期嚴重失衡一定是不會長久的。

如果不想下半輩子都活在自卑的陰影裡，那麼趕緊遠離那些不欣賞你的伴侶才是上上之策。

永遠都不要踮起腳尖去愛一個人，重心不穩的感情遲早是要垮掉的。與其取悅一個人，不如忍著痛放手，成全彼此。

愛情不是一件通過努力就能實現的事，你再怎麼取悅迎合也填不滿感情的無底洞。

✖　✖　✖

他是真心喜歡你嗎？或許再多的條條框框，都無法精確定義愛這麼柔軟的東西，你只需要交出自己的誠意，去感受。我也知道相愛同時伴隨著傷害的可能性，但它仍然是如此的好，讓太多人為之赴湯蹈火。

在真心打著燈籠也難尋的年代，如果還能在茫茫人海裡遇到個懷揣著一顆赤誠之心、願意毫無保留給予之人，簡直就是運氣爆棚。
祝願你們都早日遇見那個向你奔來的癡情人。

愛，

要有情有義，

也要能隨時離去。

一切都會變，而你隨時可以選，才是最好的狀態。他不愛你，你也可以不愛他；他不愛你，你要更加愛自己。

03

/

世界破破爛爛，
小狗縫縫補補

老天不讓小狗說話，
是為了讓人類知道，
愛和忠誠，要用行動來表達。

大家好，我是奧斯卡，叔叔姨姨們可以叫我卡卡。

我在媽媽之前的作品裡，悄悄地出現過很多次，但媽媽還是說，要有自我介紹，才是有禮貌的孩子。

2012 年 7 月 26 號，媽媽路過一家寵物店，在玻璃窗外看了我很久後進屋詢問。開寵物店的情侶好心地提醒她：「這隻泰迪一個半月，不純。」

我在籠子裡歪頭看著他們，原來人類喜歡混血兒，不怎麼喜歡混血狗。混血兒聰明漂亮，混血狗卻賣不上價錢。

我在寵物店裡每天都在觀察，來這裡的客人，多多少少都要挑品相。

哈士奇要「三把火」的，邊牧的丁香色比熊貓色更洋氣，法鬥要看頭骨角度……甚至狗子身上多了一小撮白毛，他們都無法接受，更別提我了。

我的毛捲度很差，細軟，長大了不方便造型；嘴巴比其他泰迪要尖，不是蘋果臉；耳朵過大，跑起來忽扇忽扇的；白色眼球露出太多，不夠萌……好了好了，反正他們說我是一隻「失格」狗。

失格的意思就是，失去了純種狗的資格。被定性成失格狗的我，大概只能半送半賣才能找到主人。

當時我看到媽媽，她一頭微捲的長髮，身穿牛仔連衣裙。我想，她不會選我的，她應該擁有一隻特別漂亮的狗狗。

「你的大耳朵好帥啊！」這是媽媽跟我說的第一句話。她摸了摸我的黑鼻頭，又說：「就它了，純不純種沒關係。」

那天下午的陽光真好啊！

媽媽從寵物店出來，抱著我，拎著給我買的狗糧和飯碗，我使勁甩了甩頭，耳朵「啪啪」地拍在媽媽的胳膊上，她笑得很開心，我也很開心，我第一次覺得自己的大耳朵真有用，能逗媽媽開心。

不管這世界多苛刻，總有人偏愛你。

後來的日子裡，我每天都想再聽一次媽媽從一堆小狗裡選中我的故事，因為那天，我遇到了心軟的神。

1歲前，我都是生活在大學校園裡。

媽媽把我養在宿舍，每週查寢那天，她和另外三個漂亮阿姨就要把我藏進鞋櫃裡、花盆裡、窗簾後面，因為我和電磁爐、捲髮棒一樣，都是違禁品。

有課的時候，媽媽會把我裝進帆布包裡帶進教室。哲思課太難了，我呼呼大睡；新聞學太難了，我呼呼大睡；現當代文學還是太難，我繼續呼呼大睡。

沒有課的時候，媽媽會帶我在學校裡閒逛，我會和體育生一起在操場跑步，會在排球場追他們掉落的球。媽媽每次去茶水間裝水，都會繞一小段路去買麻辣燙帶回寢室。她愛吃，我不愛吃。

　　所以，後來當隔壁金毛問我從哪裡來的時候，我仰著頭大聲地告訴他：「高！等！學！府！」

　　媽媽大學畢業了，她說她不想留在家鄉，但她要把我留在奶奶家。

　　那是我第一次嗅到媽媽身上不一樣的氣味，他們說那是焦慮和悲傷的氣味。

　　奶奶會給我包無鹽版的牛肉蒸餃，給我縫很多小玩具。爺爺每天下班帶我去廣場散步，說他單位有很多條警犬，高大威猛，不知道這老頭是不是在吹牛。

　　偶爾我會在家聽到我媽的聲音，可我來來回回找也找不到。奶奶拿著一個方塊的東西對著我，說「你看，我們把卡卡養得可好了。」

　　家鄉是很好，有吃有喝，平靜安逸。我每天下午都會趴在窗臺上發呆。

　　奶奶問我：「是想你媽了，還是在想罐頭？」

　　「汪……汪……」

事情總有反轉，幾個月後，媽媽回來說房租加了價錢，房東同意她養狗，她要把我帶在身邊。我就知道，這女人捨不得我！畢竟她再也找不到比我耳朵還大的泰迪了！

我不知道什麼叫未來，什麼樣子，好不好吃。我只知道，我又能和我媽生活在一起了。

那一年，我 1 歲，媽媽 23 歲。

✖　✖　✖

在無數次被問「這狗是不是懷孕了」，在無數次我媽尷尬又禮貌地笑著回「我們是男孩」後，媽決定和我一起減肥。

「媽，我不想減肥。」

「不，你想。」

我的狗糧被換成低脂糧，而我媽，早上雞蛋和牛奶，中午黃瓜和番茄，晚上則是「您的八個外賣員已接單」。

節食減肥失敗後，我媽說餓肚子這件事是違反人性的，需要換成運動減肥。我們從清晨走到夜晚，路過冷氣開放的商場就鑽進去休息，於是一整天，我和我媽基本都在休息，運動減肥也失敗了。

當媽媽再一次看著一盆綠葉菜發呆、歎氣、夾起又放下，

不肯塞進嘴裡時，「媽，你不是寫『人要有火熱的靈魂，至於皮囊，隨自己開心就好』嗎？」

「卡卡，你是媽媽的好兒子！別說了，走，陪我下樓吃燒烤。」

「媽，給我烤串油邊！」

「你不能吃。」

「汪！」

夜跑好，還是晨跑好？
主要看你想吃燒烤，還是豆花！

✖ ✖ ✖

這個連雞蛋都不會炒的女人，最近買了蒸鍋和食物烘乾機，因為她聽說自家蒸的蔬菜窩窩頭和肉乾更健康。

這幾年，隨著媽媽收入的增加，我的狗糧也越買越貴，從國產到進口，從濕糧到軟糧。可她卻自責地說，覺得自己沒有好好養我。

媽媽的朋友來到家裡，媽媽會向朋友說起對我的愧疚之情。

「有時候覺得對不起卡卡，每天下班很晚才帶它下樓遛遛，其他小狗都已經玩完回家了，卡卡都沒有交到朋友。」

「你是一點不提自己每天打工搬磚，又累又睏，壓力大，還要堅持不管多晚都要帶卡卡下樓玩一會。你已經做得很好了，沒幾個你這樣的主人。」

「它是我兒子。」

「你是真喜歡小狗。」

「我是喜歡卡卡。」

原來，人類的愛是盡力而為，仍覺虧欠。

✖　✖　✖

「媽，我好久沒看到櫻桃媽帶著櫻桃出來玩了。」

「卡卡，櫻桃回汪星球了。」

「汪星球在哪裡？」

「聽說在彩虹橋的另一端，陽光明媚，有大片大片的草坪。狗狗離開家後，會回到那裡。那裡沒有病痛、饑餓和寒冷，每一隻小狗都生活得很幸福。」

「媽，我也會去嗎？」

「嗯」

「那我什麼時候再回來呢？」

「你等著媽去接你。」

同年冬天，我開始經常咳嗽，每次下樓跑步就喘得厲害。

媽媽帶我去了白衣人那裡，他們把我放在機器上翻來覆去地檢查，還拿針扎我，才把我還給我媽。我和媽媽在長椅上並排坐著，她摸摸我的頭，說：「沒事的。」

　　白衣人說我心臟肥大伴隨心肌炎，壓迫上呼吸道氣管，腎功能退化，眼球晶狀體渾濁……我想起很久以前，人們說我嘴巴太長，眼睛不夠大，毛髮不亮，體型過大……

　　以前我是一隻不太好看的健康狗，現在既不好看，也不健康了。

　　也是下午，和很多年前一樣。

　　媽媽從寵物醫院出來，抱著我，拎著一袋子瓶瓶罐罐，白衣人說那些是我每天要吃的藥。我使勁甩了甩頭，耳朵「啪啪」地拍在媽媽的胳膊上，她笑笑，低頭看我：「卡卡，以後你的身價每個月都要穩定增長 600 元嘍。」

　　這一年，我 10 歲，媽媽 33 歲。

✖　✖　✖

　　從遛狗牽繩到狗證普及，從導盲犬被拒上車，到生病貓狗被遺棄……寵物問題一次次被搬上熱搜，可每一次最後都不了了之。

我媽媽說，或許沒養過寵物的人不懂，能選擇托運帶走寵物，這個行為本身就說明了主人對寵物的不捨和重視。是家人啊，是捨不得才會選擇帶走，儘管異地托運手續繁瑣、費用高昂，但是沒關係，對於主人來說真的都沒關係。

　　我也給媽媽添過很多麻煩。
　　當年我媽堅持把我帶到瀋陽，在托運前，司機臨時加價，之後因為外地戶口辦狗證被拒，又因品種不純被美容師陰陽怪氣。後來媽媽買了房子，落了戶口，辦了狗證，我媽終於敢帶我去廣場撒歡了，可麻煩還是沒少過。
　　因為我，媽媽跟遛孩子的老奶奶吵過，跟賣過期狗糧的店家吵過，跟不牽繩的主人吵過，跟拿掃帚驅趕我的保潔大爺吵過。

　　別看我媽讀過那麼多書，寫過那麼多字，一到跟人吵架就詞窮，氣得直跺腳，半天憋不出一個字，急得我只能親自上場。但每次我媽都死死抱住我，捏住我的嘴。
　　「媽，你放開我，我好好跟他理論。」
　　「我是怕你誤傷人家，我還得賠錢。」

　　後來我發現，即便是我媽及時鏟屎、出門牽繩、坐電梯抱著我、錯開時段遛我，我和媽媽也極少能被友善平和地對待。
　　我知道，有的人類視我們為物品、累贅、垃圾，認為我

們打擾了他們的生活；還有一部分人類，認為我們是家人、孩子、寶貝，願意花時間和金錢來陪伴我們。

希望喜歡我或者討厭我的叔叔姨姨們，不要互相為難，真的。

× × ×

我媽說，這個世界有的愛轉瞬即逝，有的愛浮於表面，有的愛充滿條件，可是小狗的愛永遠單純、熱烈且真誠。

老天不讓小狗說話，是為了讓人類知道，愛和忠誠，要用行動來表達。

其實我也不是完全單純，我想要更多的蘋果乾和鴨肉乾。

人們都說我只能活十幾年，那算一算，其實我已經走過一大半。

對於我的「狗生」來說，媽媽是最重要的，比我的橡膠球重要，比我的豪華狗窩重要，比一切小肉乾都重要。

我有自己的世界，臥室到客廳，廚房到門口，還有社區旁邊的公園。

我也有自己的工作：我要早上 7 點叫媽媽起床；在她打字的時候，給她做腳墊；在她半夜去洗手間的時候，蹲在她的

腳邊；在她買新衣服回來的時候，使勁誇她；在她胃疼的時候，窩在被窩裡為她持續供暖；下午 6 點蹲在門口等她下班；在出門碰上大狗的時候，第一時間衝到她身前，哪怕我還沒有大狗的膝蓋骨高，但我有股「要狗一隻，要命一條」的氣勢，仰頭、瞪眼、嗚嗚吼，沒辦法，女人就是需要保護。

人類用盡辭藻描繪真心，但我只有毛茸茸的腦袋和濕乎乎的鼻頭。

✖　✖　✖

我媽經常給我拍照片，我睡覺要拍，我和院裡的雪納瑞打架要拍，我在草坪上打滾要拍。每年生日她都會帶我去拍狗狗寫真，她說要用瞬間記錄永恆。

你們知道的，女文青就是愛搞這些。

我沒有相機，但我只要眨一下眼，就會自動拍下媽媽的樣子，並且記載到我的大腦系統裡。

這些是我的財產，我會好好保管。

以後，媽媽會完成夢想，會去更遠的地方看世界，會有很多需要她操心的事。

我不理解這個世界，也不懂人類的規則，我只知道，我是一隻有媽媽的小狗，我要在她的生命中穿行、奔跑、歡呼或

者靜靜地看著她。

我們無法預知一個片刻的價值，直到片刻變成回憶。

至於我為什麼叫奧斯卡，媽媽說帶我回來那天晚上，她夢到自己去奧斯卡頒獎典禮領獎，我在台下一直狂吠，像是在為她慶祝。

這個夢一點也不靠譜，我媽媽這輩子大概跟奧斯卡獎項無緣了，還是祝她早日獲得諾貝爾文學獎吧，嘿！

不過我媽最近要給我改名字，不知道她在哪兒聽說，如果小狗被冠以主人的姓氏，下輩子就不會當動物了。

所以，我媽要叫我──萬有財。

04

/

發過光的人，
請你不要黯淡

雖說少年心氣比想像中逝去的還要快，
但是，發過光的人啊，
不必害怕成為自己「不喜歡的樣子」，
除了自然容貌上出現了輕微的折損，
人生大盤上都是增益的。

總覺得「夏天」是個很妙的詞。

短短兩個字，就能延展出很多畫面：有為了博你一笑在夜空綻放的煙火，有冰鎮可樂鑽進胃裡的清涼，有我們想要穿過人群去擁抱的白衣少年，有外婆在枕邊驅趕蚊蟲帶來的好眠。夏天又好像是一種時間容器，可以把那些我們在腦海裡最渴望的時刻都放置進去，藏了許多欲說還休的秘密。每次念起「夏天呀，夏天呀」，就感覺這世界有太多美好值得貪戀。

中考、高考、畢業，成年前的人生重大轉折都發生在夏天。無處可藏的炎熱，意味著過往的終結和新的啟程，像一隻無形的手，推著我們往前走。

有時會忍不住討厭時間的平等，沒有讓任何人得到過一絲偏愛。

✖　✖　✖

去高鐵站接朋友，在咖啡廳等待的時候，看見幾張年輕的臉，他們在嘰嘰喳喳、說說笑笑，沒有對校園生活的不捨，也沒有對新階段的擔憂，稚嫩、懵懂，帶著清澈的愚蠢。

畢業季早就不屬於我了，但我仍覺得自己的一部分靈魂怒放在盛夏時節——因為寫作，得以無數次地和少年時的自己相遇。

每年高考前，我都忍不住坐上文字的時光機，回到過去，回到最熱烈又最傻氣的幾年。

　　背完政治最後一道大題後，我戴著耳機，望著屋頂上光影雀躍的白雲與白鴿，無比急切地開始嚮往離開家鄉後的生活；高考結束後的第一件事，當然是染頭髮、做美甲，然後通宵唱KTV，拿700塊的經費坐十幾個小時的火車來一趟短途旅行，在索菲亞教堂的廣場上，我們幾個人抱頭痛哭，約定著畢業以後每年都要去對方的城市看看對方；深夜，和好友聊起青春裡的暗戀，「我永遠不會忘記他，他是我青春唯一的男主角」，我們哈哈大笑，又眼眶濕潤。

　　高考結束後和同學們一起熱衷追求的那些「瘋狂的事」，如今看來，更像是夜市裡被路人撞掉的冰淇淋，你無能為力，看著它融化成一攤甜膩的水，被趕路的人幾腳踩過，只留下一地斑駁。

　　青春的往事確實美好，但是太嫩了，嫩到世事的風一吹就破。後來，很多人即便在同一座城市，住在同一個街道，一年聚會的次數也屈指可數；後來，那個所謂的男主角，我甚至記不起他的臉。

　　我們曾在那個夏天用力過猛地認為，生活一定會按照我們的計畫，火辣辣前行，誰又能想到未來的光景裡，迎面而來

的會是一盆又一盆現實的冷水？因為少年們的期待太高，所以難免失望。

✖　✖　✖

曾在網上看過一篇文章。

帖主的帳號密碼丟了，想要找回，申述時有個問題：「你的夢想是什麼？」

他先是填寫了財富自由，答案錯誤；接著填寫了房子，還是錯誤；後來又試了車子、工作……全部錯誤！

最後他悵然道：十幾年過去了，我們丟掉的何止是那串小小的密碼？

的確，十多年的光陰，足以讓人們忘掉很多事，那些年少時的夢想，大多隨著歲月一併消逝，同青春一起被埋葬。

任何人小時候的夢想，絕不會是買套房子。

時過境遷，你還記得曾經那個意氣風發、胸懷大志的自己嗎？

年少時迫切地種下夢想的種子，無時無刻不盼著它長成參天大樹的模樣。很長的一段時間，你都在不顧一切地去嘗試和奮鬥，有一股源源不斷的力量指引著你一路向前。

多年以後，你看著別人栽種的鮮花美麗嬌豔，綠草鬱鬱蔥蔥，而自己精心呵護的樹苗仍然瘦弱不堪時，很難不懷疑自己的選擇。

前段時間接到朋友 Nabi 的電話，聊了一會兒。

她突然說：「你還記得你在同學錄上夢想那一欄裡寫的是什麼嗎？」

「早就忘了，估計亂寫的吧。」

「你寫的是『出版一本自己的書』。你看，你的夢想實現了，真好。」

那一刻，心臟彷彿被重擊了一般。老讀者都知道，我從來沒有寫過自己的夢想，我曾經一度覺得自己是個沒有夢想的人，至於寫作，我一直以為是誤打誤撞、命運使然的結果。

原來，很多年前，我曾向宇宙下過訂單，宇宙也一直在冥冥之中助力我，幫我朝著我預估的方向走著。

✖ ✖ ✖

說一件小事。

前段時間的新書發佈會結束後，我在門口的陰涼處等團隊的同事，聽到旁邊兩個女孩子的對話。

「你這條裙子很好看，新買的？」

女孩拽了拽裙擺的褶皺：「沒，為這場分享會特意租了一條裙子。」

我扭過頭，看了看女孩。

「呀，快開始了，我要去準備一下，C 館中廳，有空過來。」說完，女孩轉身朝會場跑去。

出於好奇，我也跟到會場裡。原來這個女孩是一場分享會的主持人，看上去是在念大學的年紀，乾乾淨淨的，說話鏗鏘有力，非常專業和用心的開場白，當時驚豔了我。

明媚、發光、純白的女孩，微微發顫的聲音格外好聽，這一幕讓我覺得似曾相識。

讀大一那年，我被學校廣播電台選出，去採訪一位回母校探訪的老藝術家。

那是我人生中第一次做採訪，也是這樣，一個人偷偷準備了很久。第一次化妝，被睫毛夾夾得直流眼淚；第一次密密麻麻寫下整個本子的「嘉賓資料」；第一次對著茶水間的鏡子，拿著洗髮精的瓶子當話筒，一遍遍地練習。

當活動結束後，那位老藝術家對初出茅廬的我說：「小姑娘很用心啊！」

也許那對別人來說是非常普通的一天，對我卻意義非凡。

就像在會場偶遇的這個女孩一樣，在這個普普通通的下

午，她勇敢邁出了新旅程的第一步。

× × ×

這是一個「少年氣」稀缺的時代：「70 後」、「80 後」在高喊中年危機，「90 後」、「oo 後」又在推崇頹喪文化。

有人在狂熱地追求地位、金錢和榮譽，也有人把「佛系」和「躺平」奉為新時代元素，但無一例外，無論多麼精緻的包裝，也難掩這些人的油膩和暮氣。

少年氣註定只屬於那些懷揣赤子之心的人，哪怕滌蕩一生仍不染一絲的纖塵。

這幾年，我越來越欣賞那種能沉浸式做一件喜歡的事並豁得出去的人；欣賞那種經歷挫折卻不自怨自艾、永不服輸的人；欣賞那種不拘於框架、有自己的原則、不隨波逐流的人。

那種在逆境中依然有光的人，真的是人間寶藏。

正所謂：「二十歲有少年氣，是道法自然。三十歲有少年氣，是個人選擇。」

所以啊，當你選擇永遠做個少年的那一刻起，世俗就再無可能侵蝕你的內心，你也終將昂首跨過這流年。

想跟正在享受畢業季的你們說，雖說少年心氣比想像中逝去的還要快，但你們是自由的、坦率的、勇敢的；你們是明

亮的、炙熱的、敢於抗爭的。

發過光的人啊，請你不要黯淡。

不必害怕成為自己「不喜歡的樣子」，除了自然容貌上出現了輕微的折損，人生大盤上都是增益的。

✖ ✖ ✖

這幾年，我過得還算豐富且順意，因為工作和人際上都平穩地進入了全新的局面。我感受到自我系統正在變得更加穩固，不是堅硬，而是穩固，是知道自己要做什麼，要去哪裡，要怎麼走，是無法被動搖的那種力量。

唯一的苦惱是靈感與念頭轉瞬即逝，若沒有及時記錄或者寫下來，便會讓那些好思緒白白浪費掉，如同放任枝頭的果實熟透卻沒有來得及採收，眼睜睜地看著它們掉落腐爛一地，有種心疼與愧疚感。

表達欲豐沛，很想跟同頻的人交流，卻沒有多餘的精力和時間好好思考。那些珍貴的想法一時半會兒沒有降落沉澱下來，也就沒能如往常一樣有內容產出。

人的靈氣有其時令，叢生的時候需要及時養護收割，將其落為實打實的輸出，才不會被浪費掉。

我很喜歡「鬆弛感」這個詞，毫不費力的天賦感實在太

迷人，可是又不得不承認，現在的我還真的做不到所謂的「鬆弛」。

我還是希望通過「衝一把」、「再衝一把」去得到更多的東西。

希望保持內心的少年氣、心性、靈感，包括對生活的熱情與期望，繼續一寸一寸地燃燒自己，投身於認同的人事物中，直到那些預設與自以為是全部消散，直到道理變成真正的經驗。

畢竟工作和事業不一樣。

工作意味著你經常需要其他人告訴你要做什麼事。事業則不同，你只需要自己告訴自己，想要做什麼事。

下雨天，改變了逛街的計畫。
撐著傘在半島隨處看看，
發現了一處花園式洋房──河東圖書館。
歐陸風格的建築，前有拱廊，花團錦簇，
綠樹成蔭，還有被雨水打落的雞蛋花。

05

/

所謂世面，
不過是世界的一面而已

一個女孩怎麼才算見過世面？

你可以吃進口櫻桃，背奢侈品包包環遊世界，
也可以賺大錢，出入各種高檔場所。
我可以吃炸醬麵、陽春麵、麻辣麵，
也可以夜裡躺在奶奶院子裡的藤椅上看星星。

有的人塗口紅在職場大殺四方，
有的人塗口紅啃豬腳。
所謂的世面，不過就是每個人不同的生活，
構成了世界的每一面。

在網上看到一篇發文，說中國有 10 億人沒坐過飛機、高鐵，有 12 億人沒喝過星巴克，沒吃過海底撈。

還有影音博主藉機將「如何坐高鐵」、「如何搭地鐵」、「如何吃海底撈」、「如何看電影」等很多看似簡單的生活常識拍成科普視頻，瀏覽量高達百萬。

然而，評論區是這樣的：

「什麼年代了，坐飛機還得要人教啊？」

「不會吃海底撈，這也太沒見過世面了吧。」

「沒坐過飛機還能理解，但沒坐過地鐵就真的離譜。」

看著評論區莫名其妙的優越感，我心裡說不出的彆扭。

很多生活在縣城、鄉村的人，大半輩子都沒有走出他們生活的半徑，沒坐過飛機去遠一點的城市，沒在城市裡買過一張地鐵票，這沒什麼好奇怪的。

城裡人分不清小麥和水稻，不知道莊稼一年收成幾次；鄉下人沒坐過地鐵，不知道如何換乘。

離譜嗎？不過就是沒在那個環境下生活體驗過而已。

有人生活在城市，地鐵高鐵只是最基本的出行工具，從小就逛大型超市和購物中心，吃連鎖品牌的小龍蝦。

有人生活在田間，走路就可以到學校，在自家的田地裡玩耍，抬頭就是晴空萬里，低頭知道幾月份該種什麼作物。

有人常去大商場，分得清每個奢侈品牌子的標誌，講得出品牌的歷史和經典款，有人只穿普通的衣服，卻分得清匹馬棉和精梳棉。

有人知道幾分熟的牛排最好吃，有人沒吃過牛排，但知道肋骨、丁骨、板腱在牛的哪個部位。

我們眼裡的世界，不過是我們對這個世界片面的理解和認知。

✖　✖　✖

有位女孩曾私訊我，委婉地向我抱怨對一位上司的不滿。

雖然是上司，但她比那女孩實際大不了幾歲，看得出家境很好，年紀輕輕就經常出國旅行，遊走在各種秀場和典禮，自媒體裡皆是和當紅明星合照，是在遊艇吃法國餐，是回英國母校參加活動等，說起全球各地的人文風俗、美食娛樂更是頭頭是道。

「那很好呀，跟她一起工作，應該能學到很多東西吧？」

女孩歎氣：「不知道是不是我太玻璃心了，每次我向她請教工作上的事，她都會先感慨一聲『你居然連這都不知道』，年假打算回老家，她也嗤之以鼻，說最好的年紀就要多出去走走。這樣的話聽多了，我真的很難跟她親近。」

說完，女孩又補充一句：「她或許只是隨口一說，並沒有什麼惡意吧。」

其實女孩的心理，我大概能懂一點。

我在《這世界很好，但你也不差》這本書裡提到過，因為朋友在樂團工作，週末我經常去旁觀他們排練。樂團的負責人知道我的工作後，就期望我能為樂團做一些行銷方面的文案，我欣然接受。

有段時間，我經常出入樂團。

他們中有一位吹雙簧管的男孩，聽說是在加拿大讀大學，後來去瑞士進修音樂。我對他的第一印象其實蠻好的，聽他講起留學的經歷，覺得很有趣，甚至還為自己有機會認識這樣一位不錯的夥伴感到些許的幸運。然而很快，我就為自己如此草率地評價一個人而心生後悔。

幾次合作中，我發現無論別人講到什麼話題，他都要有意無意地提到自己在瑞士上學的時候……

排練的時候，他經常遲到，團隊四十幾人等他，可他卻從不為自己的行為感到抱歉，反而說：「我在國外待了很多年，那邊的人都很隨意的，真的沒想到你們都這麼守規矩。」

其實到這裡，我都還覺得他只是想炫耀自己心裡小小的得意罷了。直到有一次，一個助理給大家買了咖啡回來，他居然

當著一屋子人的面，語帶諷刺地挖苦對方連「decaf coffee」（低咖啡因咖啡）都看不懂，給他分錯了咖啡。

「你怎麼還委屈了？我在國外的時候，連餐廳服務員都懂英文。」

我看著小女生被訓得眼淚汪汪，再看看他趾高氣昂的嘴臉，滿腦子只有「傲慢」兩個字。

見過世面的意義，並不在於你有全球各處的朋友圈，在星巴克用純正流利的英語點一杯低卡拿鐵，說起奢侈品豪車時的如數家珍，以及對名勝古蹟的倒背如流，更重要的，是一個人的修養。

自足而不自滿，優秀但不優越。

誰的人生是標準答案？

你可以吃進口櫻桃，背奢侈品包包環遊世界，也可以賺大錢，出入各種高檔場所；我可以吃炸醬麵、陽春麵、麻辣麵，也可以夜裡躺在奶奶院子裡的籐椅上看星星；有的人塗口紅在職場大殺四方，有的人塗口紅啃豬腳。

不要因為自己的有而帶有優越感，你不應該因為你懂，就瞧不起那些不懂的人，去苛責他人的無。同樣地，不要因為你不懂，因為別人有更多，就心生嫉妒，暗自鄙薄，自卑露怯。

好好說每一句話，跟每一個人好好地交往，才是見過世

面的人會去做的事情。

讀書，是讓我們知榮辱，明事理，而不是讓你覺得自己認識幾個字就高人一等。世界這麼大，每個人見過的都只是世界很小的一面，僅此而已。

✖　✖　✖

想起一位網友說，她和她的丈夫受教育背景不同，知識量相差懸殊。

比如，當他們一起去動物園的時候，他會告訴她，鱷魚會主動吞下一些石子，來幫助自己消化；斑馬很沒有安全感，絕不會獨自睡覺，它們都是成群結隊地待在一起。

再比如，他說距離地球 57 光年的地方，有一個粉紅色的星球，說不定人類失去的愛情最終會聚集儲存在那裡。

他願意同她分享她眼界之外的東西，不是為了炫耀自己的知識面，也不是為了贏得什麼好感，是他確實覺得那些東西有趣才分享。

每次她都忍不住驚歎：「你太厲害了，連這個都知道。」

她丈夫會說：「我只是比你早一點知道而已，現在你也知道了。」

有的人，不會因為自己有了什麼，就嘲笑別人沒有擁有，

不擺居高臨下的姿態，不把自己擁有的當作理所當然，不通過貶低別人滋生出自我滿足的優越感，見過很多，依舊謙卑、和善、溫柔。

　　一個眼界閱歷和知識量在你之上、格局和資訊密度遠大於你的人，願意俯下身來主動與你交流，尊重你、鼓勵你、引導你，這便是最好的良師益友，三生有幸。

✖　✖　✖

　　你出國旅遊，在羅浮宮欣賞藝術品，滑雪潛水，山珍海味，那是你見過的世面；放牛娃在山上放牛卻考上數一數二的大學並且連續四年拿到獎學金，雨雪風霜，路邊小攤，農田村野，那是他見過的世面。

　　真正沒見過世面的是：你指責放牛娃不懂藝術，放牛娃指責你不會放牧。城裡孩子見過大廈高樓，鄉下孩子見過滿天星斗。

　　世面這東西是見不完的，人與人更是不同，有人夢想去大城市，有人夢想去山裡工作，有人喜歡穿高跟鞋，有人只穿平底鞋。

但等你真的走出自己生活的圈子，你讀了大學，認識了五湖四海的朋友，你會發現原來大家因為成長環境不同會有千差萬別的習慣和想法；你進入了社會，見識了世界之大，有太多地方我們沒去過，有好多東西我們不知道，有很多人和你不一樣，你慢慢就會意識到自己的渺小。

　　誰又比誰更見過世面？世面不就是坦然地接受這個世界上千奇百怪的人和事嗎？

　　世面就是能理解一切的無知、偏見、自大、虛榮、傲慢、自卑，明白眾生百態皆有其緣由；不卑不亢，不媚不欺，知世界之大，知自己之小，知時間之長，知得失去留皆常態。

　　人和人之間的差距，並不是見或沒見過世面，而是能不能透過世界的任意一面，見天地，見自己，見眾生。

× × ×

　　當人性在你面前徐徐展開的時候，你能保持一份寧靜和坦然，是一種世面。

　　當你多翻看過幾頁世界這本書，多聽過幾個故事，找到內心的勇敢和自信，也是一種世面。

　　當有一天你的內心足夠篤定的時候，你不會再到處問「什

麼樣的女孩才叫見過世面」，你也不需要聽別人說「你是一個見過世面的女孩」。

　　因為那時候，你心裡已經擁有了自己的山河。

　　親愛的女孩，下一次，牛排你想吃幾分熟就吃幾分熟，別怕。

搖滾的意義是什麼呢？
大概是拾起，是打撈，是縫補，
是在苟且著的日子裡聽到某支曲子，
哪怕只有一個音符，也會充滿力量。

二十幾歲的時候，

我想成爲很多人；

三十歲之後，

我只想成爲我自己。

有的人之所以迷人，是因爲
他擅長做自己。不要把對自
己的認同放到別人的身上，
只要你不對自己失望，一切
就沒那麼糟糕。誰都可以不
喜歡你，但你自己不可以。

06

/

沒有人回頭，
是為了再愛你一遍

有時候，給那個人第二次機會，
就像給他第二顆子彈，
因為第一顆沒能要你命。

上週五晚上 11 點，慶哥突然打來電話。

「大作家睡了嗎？下來吃點宵夜？」

「現在？」

「嗯。」

「走！」

接著電話那頭沉默了 30 秒。

「沒事吧？」

「沒事，過半小時你下來吧，我們幾個來接你。」

「哦，好。」

我、慶哥、月月還有大忠和他的女朋友，一起在附近的燒烤大排檔坐下。

我和月月爭執著小龍蝦蒜蓉和十三香哪個口味更好吃的時候，慶哥猝不及防來了一句：「我前女友甄芯結婚了。」

大家突然安靜下來，月月剝了一半的蝦不知道該送進嘴裡，還是該放下，大忠給慶哥倒上酒。

「嫁給誰啦？」我故意略帶輕鬆地問。

慶哥抬頭看看我們，說了一個從沒聽過的名字。

「呵，那幾個知名備胎，一個也沒獲獎？」月月說。我踢了月月一下，示意她別說了，月月不甘心，又說，別看她叫

甄芯，她可真是半分真心都沒有。

✖ ✖ ✖

慶哥對甄芯的感情持續了八年。

一開始，女神級別的甄芯並不認識慶哥。她是音樂學院的，黑棕色長髮，唇紅齒白，儀態超好，身旁從來不缺追求者，而且橫跨所有院系。追求者裡有富二代、學霸、學生會主席，慶哥也擠進這個大軍。

慶哥除了一米八八的身高外，幾乎沒有任何優勢，長相普通，經濟條件不算優渥。但在國慶活動上，慶哥在後臺看見作為禮儀小姐的甄芯後，決定追她。

他從別人那裡拿到甄芯的手機號碼，又從我這裡借走我給學校廣播電臺寫的稿子。

「你要我稿子幹嗎？」

「有大用！」

聽大忠說，慶哥每天都給甄芯發簡訊。

「天亮了，整個世界都閃亮亮的，陽光透過淡淡的霧氣，灑在塵世萬物上，溫柔如你。」

這是早晨的版本。

「夜深了，一顆顆星鑲嵌在黛色的夜幕上，像熠熠生輝的寶石，更像我對你的無言思念。」

這是睡前的版本。

原來他借走稿子是為了用這些句子。

過幾天，甄芯拉黑了他。

書上說，你第一眼喜歡的人，真的會喜歡很久很久。第一眼就心動的人，不會甘心只做朋友，多看一眼都還是想擁有。

✖　✖　✖

那時候是社交網站的鼎盛時期，慶哥在「人人網」上加了甄芯好友。慶哥每天「住」在甄芯的主頁，早起一睜眼就刷新，到晚上實在很睏了才依依不捨地關掉。

突然有一天，慶哥發現自己的主頁有甄芯的瀏覽記錄，據說慶哥當時大喊，並叫醒了全宿舍的人：「甄芯來我的首頁了，甄芯來我的首頁了，快看啊！她注意到我了！」

幾分鐘後，慶哥突然嚴肅起來，點開自己的主頁，開始瘋狂刪除自己過去的「糗事」，比如：

天氣太熱了，熱得想罵人。

今天在食堂吃了十一個包子，不服來戰！

哲思老師長得好像卓別林，哈哈哈哈！

⋯⋯

於是，慶哥再次翻出從我這兒借走的稿子，開始轉型，比如：

少年的肩應該擔得起草長鶯飛和清風明月，女孩的眼應該藏下星辰大海和萬丈光芒。

站在青春的夕陽下，感受著過往，留下淺淺的笑靥，這大概就是我們狂歡過的青春。

等待這種事，是有先來後到的。你只有先等到更好的自己，才有更大的機率等到你的意中人。

⋯⋯

班級裡的男生相繼把他拉黑。

不過我們都沒想到，甄芯居然在其中一條下面回覆：寫得真好，有才華的男生就是不一樣。

慶哥鼓起勇氣回覆：你好，我是文學院五班的蘇明慶，巨蟹座。

一晃到了暑假。

聽說甄芯找了個教小朋友電子琴的兼職，她不回家，慶哥也就不回家了。萬一她有什麼事呢？這是慶哥的理由。

後來他真的等到了一個機會。

那天甄芯在人人網發的訊息：「天氣真好，有人想一起看電影嗎？」底下是慶哥的回覆：你在哪兒，我去接你。

那天晚上我們幾個在群裡聊天，慶哥說：「我跟甄芯表白了。」

慶哥搭計程車從夜市到文化路去接甄芯，夏夜的路上車水馬龍，甄芯搧著小扇子，問慶哥：「我們看什麼電影呢？」

「都好。」慶哥呆呆地回答，甄芯的扇子每搧動一下，慶哥的心就跟著動一下。

真美啊。慶哥心想。

電影的內容，慶哥完全不記得。從電影院出來後，慶哥給甄芯買了黃桃燕麥優酪乳。兩人步行回學校的路上，甄芯問慶哥：「你說，現實裡真的有電影裡那種愛情嗎？」

「有啊，我相信」

「你怎麼知道我喜歡這個口味的優酪乳？」甄芯甜甜一笑，慶哥的魂又丟了半分。

「你之前發貼文說我們學校超市這個口味的優酪乳經常斷貨，你要跑很遠才能買到。」

「你還知道關於我的什麼？」

「知道你喜歡陶喆的歌，喜歡一食堂二樓的番茄炒蛋，喜歡在豆瓣網發影評心得。」

「之前給我發簡訊的人，是你吧？」

「啊，是我⋯⋯對不起。」慶哥緊張地掐著自己的大腿。

「說對不起的應該是我，不該把你拉黑，我以為是騷擾短信，我已經解除黑名單啦。」

「嘿。」

「謝謝你今天陪我看電影，你人真好，很細心」

慶哥覺得渾身熱血沸騰，快走到甄芯宿舍樓下的時候，他心一橫，閉著眼問：「那⋯⋯你可以做我女朋友嗎？」

甄芯似乎沒有感到意外，只是淺淺地笑了一下：「你這樣很唐突哦。」

「我喜歡你，很久了。」

「我知道呀。」

「那你答應嗎？」慶哥聲音顫抖。

「我到嘍，先加個聯繫方式吧，我先上樓了，改天見。」

✖ ✖ ✖

大家都覺得沒戲，但慶哥他確實沒有放棄。

他開始試著約甄芯出來，不過每次都被用各種理由推掉。她不會失聯，但也不會密切聯繫，慶哥每天發過去的「早安」、「晚安」，甄芯也是偶爾會回。慶哥送過去的早餐，甄芯會表示感謝。偶爾電話費不夠了，慶哥會給她儲值。

快開學了，慶哥跟甄芯說：「電影《蜘蛛人》上映了，我們去看吧」。

他總覺得自己還有機會，他想讓甄芯多瞭解他一點。不過甄芯這次沒有回覆。

人在面對自己真正在意的事情上，是不會隨便輕忽的。在絕大多數時候，你所感受到的冷淡、忽視和不被重視，都並非錯覺。

開學一周後，甄芯更新了狀態，兩杯可樂、兩張電影票，還有一雙相互牽著的手，配文是：喜歡的人和喜歡的電影。

是的，甄芯談戀愛了。聽說對方是體育學院的一個學長。

×　×　×

一年後，我們畢業。

月月做了美食博主，我繼續我的寫作夢，大忠考上公務

員，遇到現在的女朋友，慶哥開一間精釀酒吧，生意很好。

每個人都在認真地生活。

又過了兩年，我們意外得知，甄芯和學長分手了。

慶哥叫我們去酒吧喝酒，那天他格外高興：「哈哈，我就知道他倆不會長久，我的機會又來了。」

我心裡一驚：「不會吧？你還沒放棄？」

「非得吊死在這一棵樹上嗎，介紹我們辦公室的單身女孩給你。」大忠說。

揹著設備風塵僕僕趕來的月月，聽到慶哥要繼續追甄芯的消息，整張臉垮了下來。

總有一個人，是你明知不可為而為之的堅定，可往往這個人很可能是老天派來給你上一課的。到最後，要麼一生，要麼陌生。

念念不忘，必有迴響。若無迴響，必有一傷。

✖　✖　✖

慶哥真的又聯繫上了甄芯。

短暫的寒暄後，甄芯便很少再回話，不冷不熱，發十幾條訊息才會回一次。

直到有一天，甄芯主動聯繫他。

「我現在在做主播，有空來我直播間互動呀？」甄芯在電話裡說。

「好。」慶哥心花怒放。

從那以後，只要甄芯開播，慶哥就會準時出現，就像他當年蹲守甄芯的人人網一樣。有幾次我去酒吧，他把直播投影到酒吧的布幕上，他看著她彈烏克麗麗，看她跳民族舞，看她和直播間裡的人閒聊。

慶哥也會給甄芯刷禮物，從幾百塊到幾萬塊不等。

「值得嗎？」我問慶哥。

「他們說人的細胞每七年更換一次，我已經是全新的我了，可是全新的我還是喜歡她。」

「好吧。」

「你寫過那麼多愛情故事，你應該知道，愛情是無解的。」

「好吧。」

「她直播這個椅子看著不舒服，我給她買個新款。」說著，慶哥打開手機開始選購。

就這樣大概過了半年，這期間甄芯來過酒吧幾次。

慢慢地，甄芯直播的頻率越來越少，經常一連幾天不回慶哥的訊息，說是出去旅行了。後來我們才知道，甄芯與一家傳媒公司簽約，老闆年輕有為，兩個人談起了戀愛。她從小主

播變成了老闆娘。

「忘了她吧。」大忠拍拍慶哥。

慶哥只是沉默，不說話。

很久以後我們才知道，慶哥經營酒吧這幾年的收入，基本都給甄芯刷禮物了。更狗血的是，甄芯說自己做直播辛苦，想簽一家公司。慶哥透過關係，幫她聯繫這家傳媒公司。

酒吧停業，慶哥去旅行，沒有告訴我們去哪裡，半年後才回來。

讓你失望的人，怎麼會只讓你失望一次？給那個人第二次機會，就像給他第二顆子彈，因為第一顆沒能要你命。

✖ ✖ ✖

甄芯結婚的消息，慶哥是從她一個學妹那兒聽說的。

他沒有收到甄芯的請柬，怎麼可能收到呢？甄芯換了手機號碼，她輕飄飄地就從慶哥的生活裡消失了。

煙薰火燎的燒烤攤，只剩我們這一桌。

慶哥一口氣喝下一大杯黑啤，搖了搖頭，說：「我不怪她，過去了，就不講對錯了。那是我的青春，是我的愛情。」接著他拿出手機，點開那個名為「她」的相簿，照片裡的甄芯笑顏

如花，連頭髮絲都帶著光。

「真美啊。」慶哥輕輕地說，然後按下「刪除」鍵。

有人說，辜負真心的人應該吞一千根針，可事實卻是，每一根針都扎在付出真心的人身上。

當心裡珍視的東西一直破碎，不知道在哪一次又碎之後，你就再也沒力氣拼起來，因為太累了，不想要了。

如果你和某個人的開始就是不對的，結果自然不言而喻。會有那麼一天，我們要學會放下執著和不捨，帶著些許遺憾走下去，是認清，是放過，是無能為力。

總不能耗盡所有精力，去換一場辜負吧。

✖　✖　✖

我不太會勸為情所困的人，因為我知道，我勸的每一個字他都聽不進去。

已經 2024 年了，難道還不明白：**感受不到回應就是沒有；不確定對方喜不喜歡你，就是不喜歡；不能直來直往，就是不篤定。**

愛情這東西，有的人就是要反覆以身試錯，反覆期待和失落才能明瞭。真的是應了那句話：說好的十分苦，少一分少

一毫，都不能讓你活得這般通透。

這些年我偏向一種原則，就是你若無情我就放手。大家都不必太執著，更不必一直消耗自己。你明白這一點，就沒什麼好不捨的。

不如趁早收手，和同樣愛的人相互心軟，勝過在那個人身上浪費愛意。那些你放不下的人和事，歲月終究會替你輕描淡寫地抹去。

✖ ✖ ✖

什麼是愛？還能相信愛嗎？
這是我被讀者問得最多的問題。

在我看過的關於愛的定義裡，阿根廷詩人博爾赫斯有句話很打動我，他說：「愛是一個從未有過信仰的人的忠誠」。

我是這樣理解的，儘管我愛你這件事違背我的天性，忤逆我的本能，但我依然要給出我基因裡不曾被啟動的東西。這就是愛，這才是愛。

渣男渣女之間，那叫關係，不叫愛。

愛是一種極其強大、穩定且高尚的精神力量，它一擊即中，而你束手就擒。

愛是疲憊生活裡的「但是」，是可以在抱怨完「今天很累」之後，又飛快地補上一句「但是今天也很愛你」。

不是說你這一生只能愛一個人，而是你在愛他的時候，就只愛他。漫長歲月裡，你反反覆覆愛上他，然後你把這一個個瞬間連在一起，於是就有了永恆。

儘管這是一個人人都在污名化戀愛的時代，但如果你人云亦云，因為沒見過就不相信，其實是很可惜的。不要抱怨自己難遇真愛，同時又投身到亂七八糟的關係裡，到最後你只會什麼都不相信。

身為一個純愛戰士，我是真的相信愛情。因為我一直都很信奉一句話：你相信什麼，你被什麼打動，什麼就是你的命。

你信，才能遇到真愛。

07

/

與其自我內耗，
不如直接發瘋

做人沒必要太正常，
自從適當發瘋後，
我的精神狀態好多了。

幾乎沒有人擺脫得了夜晚的魅力。

白天來不及處理的情緒，統統都留在了黑夜裡，「熬夜冠軍」們彷彿「越夜越自由」，與床相擁的那一秒，褪去社會化的外殼，無須再連結世界，只專注當下真實的自己。

為什麼現代人都養成了熬夜的習慣呢？

原因說出來有點怪，晚睡可能反倒是為了好好休息，給大腦和神經解壓。

我曾看過一份學術報告，稱中國約 15% 的人患有不同程度的失眠症狀，其中部分晚睡、不睡的人，僅僅是因為不想睡，這部分人被稱為「睡眠拖延症患者」。

對此，睡眠基金會給出的解釋是：「由於日常缺乏自由時間，而決定犧牲睡眠來享受休閒時光。」

說到底，睡眠拖延不過是因為現代人不夠自由，試圖在夜晚得到喘息。

老闆睡了，競爭對手睡了，孩子睡了，你終於可以用這好不容易「偷來」的時間做點自己喜歡的事了。

✕ ✕ ✕

當夜貓子是真的會上癮，我身邊的朋友不外如是。

應該每個人都有那種閨密群吧，無話不說、盡情分享的那種。

這兩年群裡出現一種現象：白天大多風平浪靜，偶爾有姐妹拋出來幾則社會新聞、抖音上的搞笑視頻，或者明星八卦之類的。可到了晚上，尤其是 10 點 30 分之後，大家就開始發瘋。

我觀察了一下，發瘋分兩種。

一種是小情緒上的傷感和頹喪：說自己今天碰到什麼糟心事，聊得很好的男生突然冷卻下來；項目明明進展順利，合作方突然改變主意；快遞丟失，賣家和物流業者紛紛甩鍋……

另一種是憤恨世界：吐槽主管，痛罵同事，吵吵著這個破班真的是不上也罷，然後幾個閨密一起視頻，舉杯一起指責世界，罵得十分來勁兒……

到了後半夜 1 點左右，大家的氣消得差不多了，便陸續偃旗息鼓，默默下線。第二天白天依然一團和氣，晚上繼續發瘋。

我想，這可能就對應了網上最近很流行的這句話——**與其精神內耗自己，不如發瘋外耗他人。**

「發瘋」似乎成為年輕人釋放情緒最直接的方式，用戲謔向外界排解生活中的壓力。這場熱鬧的狂歡，更像是一種純

粹的情緒宣洩。

✗ ✗ ✗

我雖然不參與每晚的集體發瘋環節，但我明白，情緒表達的背後，潛藏著年輕人面臨生活、工作中普遍的「無意義感」時，找不到解決辦法、只能向空氣揮拳的無措與迷茫。

其實想想，我們不過是普通人，沒有自帶讓人生變成簡單模式的背景資源，沒有遇山開山、遇水架橋、只用直道而行的超能力。

全憑一個人一路前行，時不時還會在心裡愧疚，覺得自己做得不夠好，趕不上父母老去的速度，會痛，會疲憊，會緊張，會想要逃避，會本能地尋找出口。

偶爾的不正常，無非就是給自己一個出口，讓自己消消氣。

✗ ✗ ✗

我是個活在條條框框裡的人，家教嚴格，循規蹈矩，我在心底默默規定自己：不管多糟，不要發瘋。

說真的，我早就厭倦甚至可以說受夠了必須保持理智清

醒的克制，還有隨時必須迎接戰鬥的狀態，但我也很幸運，很早就找到文字這樣的出口，不然我現在肯定瘋得比我的朋友們都厲害。

而我的朋友們，瘋的方式五花八門：

比如，不遠萬里去看演唱會，還有現在非常流行的 city walk；

比如，裸辭去旅行，去到讓自己魂牽夢繞多年的西藏感受心靈的寧靜；

比如，學會直接拒絕，學會直面不公平，學會大方懟懟人；

比如，一邊刻苦考律證，一邊學紋身；

......

人們選擇發瘋的方式來解構荒誕。於是，我們看到了年輕人用 iPad 來敲木魚，沉迷於刮刮樂，認為毛絨玩具也有生命以及返璞歸真。

所以，瘋瘋又有何妨？

現代人，其實迫切地需要一場精神宣洩。這就像是一壺將沸未沸的水，遲早都要達到那個沸點，然後整個人翻騰起來，就在這樣翻騰的過程中，壞掉的情緒被蒸發掉了。

✖ ✖ ✖

多年摸爬滾打，我總結了一些排解情緒的方式，希望對你們也有用。

聽自己的哭聲。

找一個隱蔽、空曠、安全和不會被打擾的環境，想那些讓自己不開心的事情，放聲大哭。或許一開始你並不能直接有哭腔，但當你聽著自己的乾嚎聲時，你也會慢慢意識到自己真的很委屈，這時候也就能放聲大哭了。

每個人都有哭的權利，情緒是可以決堤的。不過不建議長時間爆哭，容易頭暈，別問我是怎麼知道的。

我們要有至少一位非常信任的朋友。

傾訴是放大情緒的有效方法之一，尤其是對你十分信任依賴的人傾訴。通過傾訴，尤其是當你以誇張的方式描述它們時，你能夠直面所有的痛苦與難過。

很多時候，那些你認為已經過去了的事情，會通過你與朋友傾訴時顫抖的聲音來提醒你它並未完全消散。當情緒通過傾訴被放大後，你就可以通過哭泣來宣洩了。

但朋友不是垃圾桶，傾訴也要適當。

運動起來吧。

運動能夠使你產生多巴胺，而多巴胺又是讓人感到快樂的神經遞質。尤其當你挨過運動的疲憊堅持下來時，這種對身

體的掌控感能夠讓你更加快樂。

我好像沒有在運動這件事上花過錢，所以健身房跟我無緣，我的運動方式是早起空腹爬樓梯和跳健身操。

如果你實在不愛運動，就收拾屋子吧。

收拾的過程也是一個梳理心情的過程。物品從雜亂無章到整潔有序的過程，能夠讓你感到舒暢和滿足。

情緒不好時你可以洗洗被單，讓它們布滿陽光的味道；還可以把衣櫃的衣服翻出來重新疊好；再把所有的資料都重新整理一遍；甚至可以清理臉書好友，做一切斷捨離工作。

這些都會讓你非常痛快、清爽和如釋重負。

看訪談、演講、談話類綜藝或紀錄片，擴充你的知識面。

這些能幫助你用新的角度看待所面臨的問題，最終恍然大悟，豁然開朗，不再陷入消極情緒中。或是看一些宇宙類的紀錄片，會發現原來這個世界這麼大，所有的悲傷煩惱在它面前不過是一縷塵煙。

有假期和預算的話，出去看世界是個很好的辦法。

你可以去水果和海鮮便宜又新鮮的泰國，打卡動漫同款的鐮倉高校海邊火車站和在情歌裡一次次被提起的富士山，還有被海豚追逐的薄荷島……

或許你會發現，好的事情都在來的路上，一切煩惱不過

爾爾。

寫日記也是不錯的解壓方式。

這是我從小學一直保持到現在的一個習慣，每當我難過、焦慮、憤怒時，思緒便會一團亂，甚至會陷入反芻思維中。每當這個時候，我就會用紙筆記錄想法。寫日記的過程也是一個整理和疏通的過程，而一旦思緒被釐清，消極情緒也就有可能隨之消失。

愛自己的其中一步，就是照顧好自己。

做人沒必要太正常，適時宣洩情緒是必要的。希望我們都能在平凡的日子裡開開心心，這是每個人都應該擁有的權利和義務。

一切都會變，

而你隨時可以選擇，

才是最好的狀態。

有時候，

眞正的雞湯只有四個字：

我買得起。

記住，誰有都不如自己有！

/

08

那些不知該講不該講的話，
我勸你吞回肚子裡

現代社會，我們是看不清彼此的。
大家都是碎片化、面孔化的。
我們看不到一個完整的人，
都是瞎子摸象一樣地以一個片段去判斷這個人。

正因如此，
我們連自己都無法全然瞭解和掌握，
又怎麼可能奢求去完整而客觀地看待別人呢？

所以，人與人之間要保持一定的鈍感、敏感和分寸，
才能和平共處。

世界上沒有永遠的朋友，就像沒有永遠的敵人。

　　成為好朋友的前提條件，不僅是志同道合、三觀一致，還需要彼此有獨立的生活空間，以及適可而止的溝通。

　　成年人的分寸感，是一種點到為止的默契：

　　我說我有事，你不要問我什麼事；

　　我說我在跟人吃飯，你不要問我跟誰吃；

　　我說我在陪一個朋友，你不要問我是男的女的……

　　要是能說，我可能早說了。

　　倒也不是不能說，我可能不想說。

　　倒也不是不想說，我可能只是不想跟你說。

　　生活軌道有交集，才有機會成為朋友，但只有保持平行，才能走得更遠。人與人之間的交往，需要適當的距離。

　　有氧氣，才不會窒息。

✖　✖　✖

　　缺乏適度的敏感力和分寸感，就會一不小心淪為別人眼裡的討厭鬼。

　　前幾日，朋友生日聚會，其中有位女孩應該是跟著朋友第一次來，跟大家都不太熟。其實熟不熟倒也無所謂，大家都

是成年人，慢慢會熱絡起來。

按照正常的流程，一般是酒過三巡，興致已高，大家會轉場酒吧，聽聽歌，喝點小甜酒，分享一下彼此的生活近況，聊聊時事新聞，談談人生夢想。

但這女孩有點不按常理出牌，甚至可以說是冒昧。

到了酒吧才剛落座，她就格外熱情地叫著這個姐姐、那個妹妹的，還過來拉我的手：「姐姐，我聽說你是寫書的，好厲害啊，我從小就羨慕能寫很多字的人」、「你能給我簽個名嗎？簽在我衣服上，我也有文化圈的朋友了。」、「我們加個聯繫方式吧。」

說實話，我有資深社交恐懼症，一時間被她搞得也有點不知所措，但我還是儘量附和她，一是想她年紀還小，可能真的就是爽直罷了，二是不想破壞那天的聚會氣氛。

誰知是我太單純了。又過了十幾分鐘，她就開始暢聊起了自己的私生活，比如現任男友是她如何從其他女孩子手裡搶來的，喜歡一個樂隊的鼓手，於是謊稱自己是對方女朋友衝到後臺要聯繫方式……她說得激情澎湃、津津有味，我們剩下的一桌人面面相覷，滿臉問號。

這就是典型的交淺言深，實在是太可怕了。

我當時滿腦子只有一個念頭，快吃快喝，趕緊撤。

✖ ✖ ✖

大家為什麼都不喜歡交淺言深的人呢？

因為成年人是有「自我保護機制」的，對陌生人有所保留，對自己有所保護。

不顧場合、不管分寸，上來就掏心掏肺恨不得把家裡銀行卡密碼都說出來的人，就屬於一見面就開始裸奔的選手。而且究其本質，交淺言深的人大多是過於迫切地想要討好對方，過於迫切地想進入對方的親密半徑。然而感情的積累是個循序漸進的漫長過程，拜託，大家連對方的素顏都沒看過，連個通訊軟體表情都沒交換過，有什麼資格掏心掏肺呢？

很多交淺言深的人不僅不願承認自己存在這個問題，還會美其名曰：「我只是比較外向熱情，是你們太冷酷了。」

在這裡，我們有必要明確一個概念，熱情外向和不懂分寸完全是兩回事。

分寸感雖然是一個很虛無的東西，它看不見摸不著，你

也很難給它下個定義，但能把握好它的人才會受歡迎。畢竟分寸感是和舒適感緊緊綁在一起的，而人際交往中，最高級的狀態就是，時時刻刻都能讓身邊的人覺得舒服。

交淺言深的人最容易讓人覺得不舒服，因為他們看似「毫無保留」地交付自己的行徑，往往會給對方帶來一種隱隱的壓迫感。

「我都說這麼多了，你們好歹給點反應啊。」
「我這麼聲淚俱下，你們怎麼可以如此冷淡！」
大段大段傾訴背後的實質是逼迫對方與之共情。但共情這件事，兩個情緒完全不在一個頻率上的陌生人又怎麼可能輕易達成呢？

作家周國平說：「分寸感是成熟的標誌，人際交往要懂得遵守人與人之間必要的距離。」

在生活中，對社交距離的把握往往會暴露一個人的修為。口無遮攔的人缺乏自省和智慧；出言不遜的人缺乏換位思考和悲憫。

人生沒有這麼多一見如故和天雷勾動地火的瞬間，切記別給自己加戲。

✖　✖　✖

論壇上有個問題：「你能接受男朋友和別的女生喝同一碗酸辣湯嗎？」

點讚最高的兩個回答是：

「男朋友和酸辣湯都不要了，謝謝。」

「我能接受男朋友和別的女生同喝一碗孟婆湯。」

前幾天，異地戀中的夢夢跟我吐槽。她下班去買煎餅果子的路上跟男朋友視頻，先是看出男朋友在奶茶店門口排隊，便沒多問。

可是在視頻的結尾，夢夢瞥見了男朋友的手中拎著一個女士包包，便追問對方在哪裡，和誰在一起。

「約了幾個同事一起吃火鍋。」

夢夢很介意自己的男朋友幫其他女生拎包包，直接說出了自己的心裡話，男生似乎沒有察覺到她語氣中傳遞出來的不悅，仍然說道：「我就是幫個忙而已。」

即便是內心的不滿翻江倒海，但夢夢也沒有繼續追問，她知道再多說幾句，很容易讓男朋友和同事們覺得自己在無理取鬧、小心眼。

我很理解她的心情。在女生心中，讓男朋友幫忙拎包包

是「女朋友的特權」，男朋友幫異性朋友拎包包或許談不上越界，或許真的就是幫個忙而已，但卻在不經意間將「女朋友的特權」分出去了。

同理，這就是為什麼女生討厭男友的副駕駛坐著其他女生。

男朋友在社交軟體上宣示戀愛消息，遇到事情會提前報備，常常分享生活的瑣碎，這些都可以給女生帶去安全感，但最能讓女生安心的，還是把握好與異性之間的距離。

男生當然可以跟異性朋友正常交往，但不能出現曖昧的行為；當然可以跟異性朋友吃飯，但不能為對方夾菜；當然可以跟異性朋友聊天，但不能事無鉅細地分享生活。

愛情是有排他性的，這是每一個戀人都需要拿捏的分寸感。

戀愛中的分寸感是認清楚自己的位置，做恰當的事，並不等同於完全不社交，不讓你跟異性接觸。人和人之間存在著隱形的邊界，需要分寸感來劃分彼此關係的親疏。

✘　✘　✘

和有分寸感的人在一起，會讓你擁有被妥當保護的安全

感，沒有患得患失，也不會輾轉反側。把握好戀愛的分寸感，才能好好地、安安心心地繼續這段感情。

聊到前任的敏感話題，你感受到對方不願回憶起過往的記憶，於是沒有打破砂鍋問到底，而是悄悄轉移了話題，你明白沒必要跟對方的過去爭風吃醋。

涉及家庭的隱私問題，他捕捉到你欲言又止的表情，於是沒有繼續追問，而是說：「沒關係，等你想說的時候再說吧。」

你們向彼此傾訴心事，也會耐心傾聽彼此的煩惱，然後給出適當的意見，但從不會自以為是地沖著對方嚷嚷，更不會總將所謂的「我都是為了你好」掛在嘴邊。

什麼話該說，什麼話不該說，什麼事能做，什麼事不能做，你們都心知肚明。你們保持著合適的邊界感，內心的安全感也被慢慢填滿。

戀人之間最好的分寸感，大概就是不互相干涉、不互相揭短、不互相傷害，但卻彼此依賴、互相扶持著往前走。

相愛是不夠的，還要愛得恰如其分。

✖ ✖ ✖

任何關係無論多親密，但凡界線消失，必定讓一個家庭矛盾長久累積，即使是出於善意，也會讓家庭關係陷入僵局。

看過一句話：「愛孩子是一種本能，尊重孩子是一種教養。」

深以為然。

纏繞許多為人父母的人的一個「惡疾」，便是以愛之名，行無語之事。

這幾天看到一個新聞，一個女孩剛從回到家中，看到自己的個人快遞在桌子上，竟然被媽媽私自拆開了。女孩氣得又哭又吼，從視頻都能看出她當時的焦急無措。

這個媽媽卻轉頭把視頻發到網上，「無意拆了大小姐的快遞，急得哭起來了，嚇得小的站著不敢動。」

這便是一個母親犯了錯之後的態度。

對檔案袋上的「嚴禁私自拆開」視而不見，而後用輕飄飄的一句「我又不曉得」來解釋。豈不知因為自己的行為，會給女兒造成多嚴重的影響。

個人檔案袋裡面，裝的是一個學生的畢業登記表、成績單、在校的所有經歷……一旦私自拆開，真實性和有效性便不

被認可，以後考研、考公職、找工作都是會被影響的。

　　比無知更可怕的，是對孩子隱私嚴重的窺探欲，是永遠學不會對孩子的尊重。

　　很多孩子的痛，是不能上鎖的房門，是會被翻看的日記本，是被硬拉著去剪短的長髮，是被偷偷扔掉的小說，是被撕碎的歌詞本等。

　　一位心理學專家曾一針見血地指出：「父母跟孩子的最大矛盾，就是邊界感不清晰。」家長什麼都想管，什麼都要過自己的手。可這在孩子眼中，不是關愛，而是傷害。

　　不要把「你有什麼東西我不知道」作為不尊重孩子的藉口；不要用「我都是為了你好」作為自己越界的理由。

　　任何一段關係，因為邊界感缺失，都會生出無限煩惱和內耗。唯有親疏有度，方能久處不厭。

　　家人也不例外。

✖　✖　✖

　　有分寸感的人不會讓人難堪，不咄咄逼人，不斤斤計較，

與這樣的人相處更舒服。

跟沒分寸感的人相處，你就得隨時準備煩心了，他們說話不懂得考慮別人的感受，只顧自己一時痛快，很容易讓關係陷入僵局。

其實，一個人有分寸感，就是懂得換位思考，懂得為他人著想。

分寸感是成年人最高級的修養。

無論朋友、愛人還是親人，把握好分寸，都是對彼此的尊重。互相尊重的關係，才能使彼此更輕鬆愉快。

做一個有分寸感的人，懂得自己在他人心中的分量，懂得察言觀色，懂得適可而止，也懂得自己想要的是什麼，合理索取，不過分、不矯情、不歇斯底里。

這不是什麼八面玲瓏、圓滑世故，而是懂得尊重和善待他人。

現代社會，我們是看不清彼此的。大家都是碎片化、表面化的。我們看不到一個完整的人，都是瞎子摸象一樣地以一個片段去判斷這個人。

正因如此，我們連自己都無法全然瞭解和掌握，又怎麼可能奢求去完整而客觀地看待別人呢？所以，那些不知該講不

該講的話，我勸你吞回肚子裡。

俗話說，「距離產生美」，唯有這樣，我們才能尊重自己在意的人，才能安穩妥善地保護好我們之間的感情。

09

/

你可以愛美，
但不必因此外貌焦慮

體重器上的數字只能反應你和重力的關係，僅此而已。
它無法測量美、天賦、志向、潛力、愛和性格。

外界的聲音都只是參考，
如果你因此不開心了，
那就不要參考了，
別讓他人的評判干擾你做自己。

開篇先問姐妹們，你們會有外貌焦慮症嗎？

我們這一代人十五六歲的時候，正是非主流的鼎盛時期。

那時候，女生都剪很厚的齊瀏海，頭髮燙得直挺，拍照時把手比出 V 型。下課的時候，放眼操場，女生們都是流水線似的模樣。有些姑娘，例如茉莉，即便是不合宜的齊瀏海下，仍然讓人無法忽略她精緻的臉蛋，美麗得讓人妒忌。

和茉莉同桌的那個學期，常有同班或隔壁班好看的男生，從校外戰戰兢兢地偷偷帶回來炸雞、果汁和零食給茉莉，托我轉送禮物給茉莉，茉莉晚自習時想要溜出學校，讓我幫她把風。

那些年，她的書桌裡塞滿了情書，而我的青春無人問津。

每個女生都會在十幾歲的時候經歷這樣一個階段，把有多少異性愛慕自己作為衡量自身價值的標準。所以那時候我偷偷學茉莉，學她把頭髮挽起，學她塗睫毛膏，學她在校服裙子下穿牛仔褲。

那時候的我真是很羨慕她，會暗暗自卑自己沒有生得好看一點。

時間一晃到了今天，女性仍然為了證明自己「好看」而暗自努力著。

我常常能聽到身邊的女孩子跟我抱怨：自己眼睛不夠大，腿不夠長，腰也不夠細。自卑起來的時候，覺得自己簡直虧欠全世界，欠世界一張美麗無瑕的臉龐、一個聰慧絕頂的大腦，甚至欠世界一個平和豐富的靈魂。

可是也許我們忘了，「美」、「聰明」、「精彩」從來都不是由別人定義的，而是應該由你自己來定義。

從相貌、身材、性格，到為人處世、戀情分合……好像女性無時無刻不在被社會審視著，也被同性在暗中觀察著。

說句心裡話，人無法擺脫環境去獨立存活。如果說針對女性的「容貌審視」是一個困局，無可否認，我曾經也深知自己就在局中。

出門必須化妝，如同強迫症一樣，還要根據今天的妝容搭配衣裙、鞋子和飾品；要公開 po 照片，先拍照 50 張，精選 5 張，逐一修好圖，最後只發出去 1 張；跟朋友聚餐，會不自覺地打量其他女孩子的口紅，如果她的睫毛是我喜歡的翹度，翻遍購物軟體也要找到同款睫毛夾……我為了「看起來美」而裝扮，可是後來我會思考，所謂的「美」，到底是誰定義的呢？標準又是什麼？雙眼皮多寬才算美？腰圍多少才算瘦？

懷揣著對美的追逐與嚮往，兢兢業業地與自己的「不漂

亮」對抗，是大多數女生成長的必經之路。

✖　✖　✖

時尚博主裡有一位很特別的姑娘──Margaret Zhang（瑪格麗特・張）。

這個生活在澳大利亞的亞裔女孩，身材嬌小、皮膚黝黑，和亞洲人的審美相去甚遠，卻憑藉著自己獨特的時尚觸覺和陽光自信的態度，讓人過目難忘。

作為一個時尚博主，她高中時就開始打造自己的時尚網站，那一年她才 16 歲。

她拍攝各種美景和各種美食，出色的攝影作品令人欣喜。她給倩碧做形象代言人，素顏、白衫，像個未經世事的學生；她給施華洛世奇拍廣告，站在超模米蘭達・可兒的身旁，從容淡定。

看她的照片，你就會發現，這個姑娘的眼角眉梢、一舉一動都帶著一股不容置疑的自信，甚至是「自戀」。她是真的愛自己，才能在鏡頭前表現得那麼自然，就算氣場強大的超模都無法搶奪她的光芒。

她是最完美的那個嗎？不是。可她一定是人群裡最能發現自己美的那個女孩。

自信，是她最好的化妝品。

傷害我們的從來不是事情本身，而是我們對事情的看法。

不是鼓勵你們不要瘦，只是自信、美好與你是體態輕盈還是豐腴有料，並沒有必然關係。

胖子的靈魂從來都不卑微，體型不需要刻意改變，需要改變的是我們對胖這件事的態度。

胖女孩也可以穿裙子，長相普通也可以自拍，又瘦又好看的女孩子太多了，做你自己就好了。

作為一個年輕過、也胖過的人，我有必要提醒那些所謂的「胖姑娘」，沒有必要為自己身上的任何一塊肉感到羞愧，更沒必要向任何人道歉。當我們學會接納自己、不跟自己較勁、不找自己彆扭，我們才可以在命運的長河裡，離幸福更近一點。

身體是我們靈魂的容器，我們與自己肉身的緣分不過短短幾十載。

從這個意義上來說，它是我們的合作夥伴，不是我們要征服的對手，我們要學的是試著與它和解，而不是戰勝它。

外界的聲音都只是參考，如果你因此不開心，那就不要

參考，別讓他人的評判干擾你做自己。

✖ ✖ ✖

前陣子看過一部獨白劇——《聽見她說》。

女主人每天都花很長時間照鏡子，看鏡子裡的自己，感覺都不好看，於是每天都會畫著大濃妝來掩飾自己的缺點。她打開美圖秀秀，拍幾張好看的自拍，修圖一小時，發了社群軟體，看著上漲的按讚數和一條條誇自己的評論，整個人會突然變得很開心。卸了妝之後，看著有太多缺點的自己，一下子心情又跌落到谷底。

很多女性都在此劇中找到共鳴：我二十多歲的時候，也每天覺得自己滿臉缺點。

如今，特長、證書、KPI（關鍵績效指標）、年薪等，成了衡量一個人是否獲得世俗「成功」的重要標準。這種「不優秀不配活」的思維方式，又如同鞭子一般鞭策著所有人咬緊牙關，懸樑刺股地去為這些標準奮鬥終生。

在同樣功利的氛圍之下，女性往往又比男性多一重標準——相貌。

這種標準，從某種意義上又可以說是「枷鎖」。

對女性的美貌、顏值、性格的要求，簡直充滿了令人窒息的標準：天鵝頸、巴掌臉、A4 腰、筷子腿……

這些難道就是所謂的美的標準嗎？

人不能這樣被粗暴定義，因為人不是商品。

作為女性，我們應該拒絕被定義。我們是漂亮的，我們可以是瘦的、胖的、高的、矮的。漫畫腰當然也是美的，可我們作為普通人，倒也不必把這種美作為唯一的標準。

✖ ✖ ✖

近幾年被推崇的「白幼瘦」審美，想想是很違反人性的。

我們本質就是黃皮膚的人，哪怕是小麥膚色，這都是很正常且健康的皮膚，沒有必要一味追求白？再說「幼態」這件事，我們成年女性的容貌和體型怎麼可能會像十幾歲時一樣呢，當然，一定有天生可愛瘦小的女生。

在希臘神話裡，代表愛、美與性愛的女神阿芙蘿黛蒂，她的石像也是有小肚腩的。

只要在健康的前提下，你怎麼樣都是美麗的。

在這個「什麼都看臉」又強調「存在感」的時代，女人的美貌早已被妖魔化。以為別人誇一句貌可傾城就真的能傾了人家的心，其實哪裡知道，悅目未必賞心。再美的皮囊也抵不過你心中滾燙的靈魂。

你長得美或者普通，並不會對你的人生起決定性作用。

幸好如今很多女性已經不被偏頗的潮流審美所左右，而是更傾心於那種骨子裡所散發出的魅力。這種魅力帶著一股朝氣和「我不認命」的倔強，擁有自己的特性和風格，在人生的洪流中脫離庸俗的高級感，亦剛亦柔，亦莊亦諧。

這世上從來就沒有「不老的神話」，歲月是公平的。

不管你是五官精緻、長腿翹臀，還是膚色暗淡、腿粗微胖，每個人臉上的膠原蛋白都會慢慢流失，打在你們身上的風風雨雨都不會少，活成被人心心念念的奢侈品，還是三分鐘熱度的「花瓶」，全在於自己。

那句被人們說了非常多年的「女為悅己者容」，應該換成「女為己容」。

✖　✖　✖

「生性愛美」的意識在任何時代都不會消失，但慢慢地你就會明白，再美好的容顏，若沒有豐富的內心和練就的本事做支撐，遲早都會失去它的意義。

只有一顆對世界充滿好奇、自信又倔強的心臟，才會讓你從內而外散發出光芒，那並非來自歲月的眷顧，而是你內心

底蘊的厚度。

變美的方式不只是從外貌上改變，還有讀書、運動、旅行等多種方式。也許我們沒有讓人一眼萬年的外貌，但我們可以有讓人耳目一新的有趣靈魂。

我們活著不是為了成為誰，而是為了成為無可替代、獨一無二的自己。

我也曾經很傷心地仰慕著別人的完美臉蛋和纖細身材，覺得自己如醜小鴨一般的平庸。直到工作後這幾年，靠寫作養活自己後，才發覺老天還不算偏心，至少沒有忘記分給我這一點點天賦。

直到現在，我依然羨慕那些臉蛋自帶美顏效果的姑娘。不能否認，生活對於那些長相漂亮的人來說也許會更容易些，可是這種漂亮與你生活的是否幸福、是否坦然淡定、是否有聲有色關係不大。

沒必要為那些所謂美的標準而焦慮，要保持自己的清醒與理智。

反容貌焦慮最好的方式，不是盲目地認為自己很美，而是發自內心地承認自己不夠美，接受自己不夠美，轉頭去修煉

那些歲月帶不走的內在價值。

生命是屬於每個人自己的感受，不屬於任何人的看法。你不必以別人的標準強迫自己，別把別人的要求強加在自己的身上，做自己就好，自己活得舒服活得自在就好，我們有選擇做自己的權利與自由，不需要盲目從眾。

沒有誰可以規定你要活成什麼樣子，你想以一個怎樣的姿態在這個社會立足，從來都是由自己決定的。

你可以愛美，可以繼續關注那些美妝博主、穿搭博主，去鑽研「偽素顏」、「高顱頂」、「直角肩」的悅己小技巧，但不要為此焦慮。

我們的價值絕不在於容貌或體重器上的數字。永遠別放棄對這個世界的好奇和探索，認識到自己獨一無二的美時，我們才真正成為這副皮囊的主人。

體重器上的數字只能反應你和重力的關係，僅此而已。它無法測量美、天賦、志向、潛力、愛和性格。

世間險惡是吧？

太好了，我要碰一碰。

我們只有一張這個世界的體驗券，要盡興地活，多為自己「加值」和製造快樂。

面對挑戰，別掉頭就跑，熬過痛苦，學會愛自己而後愛世界，用自己喜歡的方式過一生。

10

/

「老派愛情」，
慢慢來是一種誠意

愛是一遍又一遍地重複不同瞬間的心動。
我以為我不會比今天更愛你了，
但是我昨天也是這麼想的。

愛，應該是不趕時間的，
慢一點相愛，時光能賦予你的，絕對超乎你的想像。

一個人對你的好，並不是立刻就能看到的。因為洶湧而至的愛，來得快去得也快。

真正對你好的人，往往是細水長流。你可能會怪他沒有付出真心，但在一天天過日子裡，卻能感覺到他對你無所不在的關心。你要花足夠的耐心去瞭解、去接受、去習慣。

啟明和小九邀請一眾朋友來家中做客。

兩個人非要自製蛋糕，把廚房搞得一片狼藉。我們坐在客廳，聽著廚房裡「乒乒乓乓」的聲音，沙發後的整面牆，幾乎掛滿了小九的青春。

最上面，是兩個人在京都清水寺櫻花樹下的合照。

✖ ✖ ✖

兩個人在一個社區長大，初、高中在同一所學校、同一個班級，有過交叉的好友圈。

但起初，啟明只是小九生命裡一個無足輕重的過客。

啟明對小九來說，她就是知道這麼個人，但兩人關係不熟。因為總是被媽媽批評時拿來對比，時間一長，小九自然反感啟明。

在社區裡碰見，小九忍不住瞪他。啟明看見也不生氣，摸摸後腦勺笑笑，側身靠在牆邊，給小九讓路，然後看著小九吹著口哨，急速地蹬著自行車一溜煙不見了。

此時的啟明心裡正在發生著一場海嘯，可他靜靜地站著，沒有讓任何人知道。

而看似機靈的小九根本不知道，在過去幾年的時光裡，她的名字被啟明悄悄地寫在草稿紙上無數次，她是他的青春代名詞，是他的年少悸動。

這是一場浮不上水面的單相思，也是害怕被對方發現的秘密。

✖ ✖ ✖

那麼多年過去了，她是他的暗戀對象，而他對她來說，貌似連好朋友都算不上。鄰居？同學？路人？或是不太熟的童年玩伴罷了。

兩個人是從什麼時候開始熱絡起來的呢？大概是小九失戀之後吧。

成績優異的啟明自然是考上了知名大學，而學渣小九讀的是專科學校，跟啟明的大學就隔著一條街。

小九的第一個男朋友是音樂酒吧的駐唱。兩個人因音樂結緣，雖然男生比小九小 2 歲，有些愛玩，但性格黏人也很有才華，對小九很是上心，還給她寫歌。

　　兩個人感情升溫很快，羨煞旁人。

　　啟明在學校附近的餐館碰見小九和她男朋友，下意識想躲，不料被正在點餐的小九看到，她大大方方地拉著男朋友過來：「這是我同鄉。」

　　短短五個字，概括了他們的關係。啟明心裡一絲失落，可是想想，小九說得沒錯，對她來說，可不就是一個老鄉、一個鄰居嗎？

　　如果，我是說如果，故事就到這兒，我想以啟明的性情，大概會把自己的秘密埋心裡一輩子。

✖　✖　✖

　　偏偏過了半年，小九的戀愛就夭折了。

　　暑假，男朋友把小九送上火車，起初小九還歡歡喜喜，可假期剛過沒幾天，她就發覺不對勁，發訊息不回，打電話不接。這莫名其妙的消失，讓小九摸不著頭腦，整日在家坐立不安。

小九用啟明的手機給男朋友打過去，對方聽到是小九，立刻掛斷。小九不明白，自己這是被分手了？執意要弄個明白。

「我要提前返校。」

「那我跟你一起回去。」

果不其然，小九的男朋友早就劈腿，不過是沒想好怎麼跟小九說，想趁著假期，用冷暴力不明不白地分手。驕傲的小九炸了鍋，跑去對方的房子，把自己送給對方的電腦、遊戲機都砸碎，至於送的衣服和鞋子，全部用剪刀剪爛。

啟明全程在一旁看著，沒有阻止，只有一句：「出氣可以，別弄傷自己的手。」

小九想要一個合理的解釋，哪怕是分手，也想對方堂堂正正當面說出來，可對方只有沉默。

「渣男！王八蛋！」萬分不甘心的小九，也只能甩下這些話而已。可有什麼用呢？對方一副無所謂的表情。小九知道，自己的眼淚，半分都沒有潑進對方的心裡。

小九邊走邊哭，哭累了索性坐在路邊。

啟明抬手，摘掉小九因哭花妝而掛在臉蛋上的假睫毛，遞過水：「哭累了吧，喝點水，潤潤喉。」小九接過水，咕咚咕咚幾口喝下。

「今天謝謝你，你人還怪好的。」

「謝我什麼？我又沒做什麼。」

「謝謝你陪我，在我這麼狼狽的時候。回去可不許告訴我媽，誰都不要講，太丟臉了。」

「不會，放心好了。」

× × ×

那次之後，小九似乎學乖了。

經過一番戀愛的折騰，一向懶散不思進取的小九突然對學業很是上心，沒有再蹺課，認真做筆記，經常泡圖書館。也是在這個時期，小九發現自己很喜歡寫短文小故事。

啟明會帶小九愛吃的辣炒年糕來學校看她，小九也會跑去啟明的班級旁聽，當然了，醫學生的課，小九一個字都聽不進去。

他鼓勵小九寫東西，做有主題有定位的內容輸出。他還幫小九報了新媒體自營的線上課程。

公眾號迎來紅利期，小九順勢而為，做得火熱。同時，她也迎來了第二段戀愛。

對方是位消防員，兩人是在兒童福利院做義工的時候認識的。小九帶著男朋友參加同學聚會，也會去消防站參觀，聽

男朋友講消防知識。

「這個不錯，好好談。」啟明說這話的時候，覺得胸口堵堵的。

「嗯。」小九也說不清自己是什麼心情。

啟明又適時「退出」了小九的生活。

醫院的工作並不輕鬆，經常要加班到深夜。每晚睡前啟明一定會做的兩件事：整理第二天的工作，看小九的朋友圈。

小九那邊戀愛順利，接到的廣告也越來越多，報酬可觀，她說這些都是啟明的功勞。

✗　✗　✗

沒想到在一次意外，小九的消防隊男朋友在救援中意外犧牲。

告別儀式結束後，送走男朋友的爸媽，小九一個人呆呆地在殯儀館的臺階上坐著，翻開男朋友的錢包，裡面夾著兩人的合影。沒有眼淚，也不想說話，她也不知道自己在想什麼。

不知過了多久，有人走過來，是啟明。她拉著啟明的衣角，放聲大哭。

小九收拾了幾件衣物回到老家，說想休息一段時間。小

九的爸媽也希望她能回來住，每天看著女兒也放心。

啟明跟醫院請了年假，也回了老家。

明眼人都知道他是怕小九想不開。啟明像小時候一樣，在她的家門口徘徊，看到小九臥室的燈滅了，他才放心回去。

✖　✖　✖

就這樣又過了一年半。

小九基本回到了正常的生活，人又逐漸恢復了從前的開朗。

啟明要去日本參加一個學術會議，邀請小九一起去。櫻花盛開的季節，京都清水寺美得和動漫裡一樣。從寺裡走出來，倆人散步，說起小九小時候的「光榮事蹟」，哈哈大笑。

「所以，你是從什麼時候開始喜歡我的？」

「你……你怎麼知道？」啟明被小九突然的一問，驚呆了。

「是念高中？難道是初中？」

「可能吧。」

「那你打算什麼時候表白？」

「現在。」

這一下，換小九愣住了。

「雖然你從小到大都不是好孩子，脾氣古怪，性格強硬，但我就想你能開心，哪怕只是陪著你。」

「你這表白，怎麼聽起來像罵人啊！」

「你也可以拒絕我。」

「還可以拒絕？」小九噗哧一聲笑了出來。

「嗯，這個秘密我藏了太久了，我只是想說出來，不是要求你什麼。反正我已經等了這麼多年，不急的。」

「你可真是個呆子。」

原來，有些表白是為了表明心意，而不是索取關係。

大大方方地愛人，坦坦蕩蕩地展示自己的內心，沒有自作聰明的套路，沒有嘴硬的裝酷，不計較所謂的誰先低頭或認輸，有勇氣和自信去面對任何一種結果，哪怕結果不如意，哪怕是傷心一場。

愛，是勇敢者的獎勵。

✖　✖　✖

電影《春嬌與志明》，朋友幾次推薦我看，很難想像與香港禁煙主題有關的愛情片會有多麼唯美浪漫。直到電影結束，我印象最深的片段，是志明從身後抱住春嬌，說了一句：「有

的事，不用一夜之間做完，我們又不趕時間。」

　　不知道春嬌是不是在這一刻愛上志明的，反正我是在聽到這句話後，開始喜歡上了這個有點酷的香港男人。

　　「我們又不趕時間」，這句話讓人心動又心安，好像是歲月漫漫，我們還有好長的路要一起走過，不急著一時把激情燃燒殆盡，而是文火慢慢將愛熬煮成一鍋粥，在平淡安穩的日子裡撒一點兒鹽，再放一小把肉末。一切都那麼自然、美好。

　　要不是真的認識啟明，我很難相信，這個時代會有肯這樣花時間慢慢愛一個人的人。小九說得沒錯，啟明的愛，很老派。

　　被愛會讓人變得更好。
　　我以前一直以為所謂的更好，是指一些很外在的東西，比如說變美、變瘦、積極學習，其實並不完全是。

　　被愛會讓人有一種從高空墜落時被雙手接住的踏實感，會讓人情緒穩定，會讓人變柔軟，會讓人安心入睡，會讓人在愛裡學會愛別人。

　　難怪大家都說，被愛好似有靠山。

✖　✖　✖

慢慢來是一種誠意，是希望我們能花時間溝通，約定好時間出來看一場電影，然後吃飯、散步、聊天，就算別人說這是俗氣的戀愛「三件套」，也一定要走完。

其實想一想，人一生中很多東西都是有限的，的確是慢一點，才更長久一點。

比如喜歡一部電影。

不要在吃飯或者做家務時點開，要在心情舒朗、時間不趕的時候打開，從片頭開始到字幕結尾，全心全意投入電影中去，每一秒都好好感受。在這兩個小時裡，你屬於你自己，你有了感悟和不一樣的心情。

比如喜歡一本書。

放在枕邊，總捨不得一夜之間看完，每天睡前翻上幾頁，一字一句，遇到喜歡的詞句總是忍不住反復多讀幾次。感覺到睏意了，就闔上書，閉上眼睛默念著剛剛書裡的情節，感受人物的情感，然後對明天的新章節充滿了期待。

喜歡一個人也是這樣吧，如果把每一天都當成世界末日

來愛，那愛很快就會被耗盡吧。所以，請慢一點，再慢一點。

愛，不是要突然拽起他的胳膊，每小時飛奔多少公里，去看一場火山爆發，晚一秒都深感遺憾。

愛，應該是不趕時間的，慢一點相愛，時光能賦予你的，絕對超乎你的想像。

山高水長，帶著誠意慢慢來。愛是一遍又一遍地重複不同瞬間的心動。

我以為我不會比今天更愛你了，但是我昨天也是這麼想的。

11

/

風吹哪頁讀哪頁，
人來人往任由之

不要太執著於人與人之間的關係，
不管是友情還是愛情，
預設長期都是不太現實的，自然相處就好。

風吹哪頁讀哪頁，人來人往任由之，
命運把我們帶到哪裡，就是哪裡。

今天早上起床的時候，收到好久沒聯繫的同學亞君發的訊息。

「我昨晚夢見你了，突然特別想念從前的我們。」

上班路上，我反反覆覆回想著亞君那句：突然特別想念從前的我們。

怎麼會不想念呢？

亞君是我大學最好的朋友。四年裡，我們樂此不疲地膩在一起，一起去看電影，一起在網咖玩一整晚，期末一起在圖書館熬夜，失戀了陪她在操場繞圈。後街、水吧、人工湖、麻辣串小攤、雞蛋灌餅小店，都有我和亞君的身影。穿堂風吹過，日子不會回頭，人不能同時擁有青春，和對青春的感受。

畢業那天，大合影結束，我們兩個穿著學士服，在我們走過無數遍的小路上散步。

我們彼此沒有相互許諾什麼，因為心知肚明，沒有同一份課表之後，很多事步調不再一致。但那時我對友誼、情感這類事，還不是悲觀的態度。

剛開始的幾年，我因為寫作而自我懷疑、喪氣。亞君經常安慰我，我每取得一點進步，她都會送一個小禮物給我。我第一次在網上發文章，只有兩百多的閱讀量，她很肯定地講：「以後會有幾萬閱讀量的，你會成為非常知名的作家。」

歲月的無情就在於，等我一路跌跌撞撞走下來，真正出了書，開始以寫作為生了，她已經回到家鄉，成為一名教師，在去年生了二胎。

　　「有讀者寫了很多鼓勵我的話，好開心。」
　　「孩子又把副食品打翻了。」

　　「你快看我今天拍給你的雲，粉色的。」
　　「已婚媽媽婦女重返職場這麼難嗎？我的簡歷都石沉大海了。」

　　「今夏流行的多巴胺穿搭好適合你。」
　　「我在加班。」

　　「新年快樂！」
　　「你也快樂！」

　　這樣有一搭沒一搭的聊天久了，慢慢地，我有好多話不知該如何跟她講了。
　　她沒有時間安撫我靈感枯竭的焦慮，我也無法分擔她半夜給孩子泡奶粉的辛苦。我和亞君都在分別尋找自己的穩定方式，這是好事。

你試著回想一下你三個月、一年、三年前，分別交好的人，會非常感慨。你會發現友情也像一陣一陣的海水，退下去後再湧上來的是新的一個，從前那個已經悄然地融入大海。

人生其實像一條從寬闊的平原走進森林的路。挽好的胳膊會放開，各自探路，要在無常的命運裡，撒手追尋自己的答案。

所以，在成長的道路上跟舊友告別，是必修的功課。

有些關係變淡，有跡可循，看得見所謂的因果。
有些關係變淡，並沒有太明顯的痕跡，只是隨著時間的推移，各自忙碌，很少聯繫，就疏遠了。

我也說不清自己是在什麼時候突然對這個事情變得坦然。
大概是因為經歷過時間，終於能夠確定，有些人即使沒法常常見面，時時刻刻分享生活，也沒關係。看看她的臉書，看看照片，或者三不五時地聽到對方的消息。你知道，她就在那，用她的方式，好好生活著，就足夠了。

我有我的陽關道要前行，你有你的山坡要翻越，有時候確實沒有辦法幫到或是陪伴對方，但其實這都沒什麼關係。人生的旅途，大多本就該自己走的。

※　※　※

　　擁有千萬粉絲的短視頻號「瘋產姐妹」，前段時間宣佈解散，很多關注她們多年的網友都感到有一些可惜。

　　「瘋產姐妹」是兩個女孩的組合，她們相識七年，一起玩鬧，一起創業，是親密的朋友，也是並肩的戰友。現在，其中一人想換一種生活方式，另一個人表示尊重，這個組合因此解散。

　　這不由得讓人感慨「天下沒有不散的宴席」。

　　再好的朋友，也會有分離的一天。再好的關係，也會有變淡的一天。

　　常有女孩讀者發私訊問我關於「女生友誼」的困惑。

　　誰和誰以前很好，突然就不聯繫了；誰答應誰一起去逛街，竟然放鴿子去和另一個人約會；誰和誰好像約好，一起排擠某個人；誰把誰一直當好朋友，誰怎麼可以這樣對誰……

　　但是，大多時候，我只是認真讀完私信，並沒有回覆。

　　我走過那個年齡的身心階段，也經歷過和好朋友的分崩離析。也許，我該表現得像一個更合格的知心姐姐，耐心聆聽，並且同仇敵愾，出謀劃策。可是該怎麼跟你們說呢？我早過了那個階段。

我的心境和情緒已經變了。

這個世界上我們遇到的人太多了，能成為朋友的人卻寥寥無幾，好朋友就更是鳳毛麟角。

我們跟大多數人成為所謂的「朋」，不是因為我們有多麼相似，有多少共同語言，價值觀有多麼匹配，只不過是特定的時間、空間把我們拉扯到了一個同溫層，一旦時間軸和空間軸發生了位移，特定環境成全的友誼會頃刻土崩瓦解，談不上感情有多深的「同學朋友」，談不上瞭解有多深刻的「同事朋友」。

我們只是在那些產生交集的時間裡，碰巧身邊也需要有個人聊天取暖，結伴吃飯，僅此而已。

有些人相遇，註定了會分離，沒什麼好遺憾的。

一樣的人，總會越走越近。不一樣的人，就算用盡一生力氣，費盡一生心思，也是枉然。

真正的朋友，絕對不會兩面三刀。真正的好朋友，即使遙遙相望，也心存默契。

聚散離合，本是常態。

✕　✕　✕

後來，我給亞君寫過一封信：

我希望你能永遠開心，單身開心，談戀愛開心，當媽媽也開心，雖然我知道這很難。不要委屈自己，如果以後的日子碰不到面，我會記好我們曾經那些有趣的事情，見面時互相傾訴，互相溫暖。

但願我們各自忙碌的時候都能照顧好自己，過好快樂且又充實的生活。

想我了，就打電話找我，發訊息給我，甚至跑來找我一起出去嗨一場，都可以。我沒什麼溫柔的話語，但只要你奔向我，我一定會先給你一個超大的擁抱。

不管多久沒見面，我們彼此都還是老樣子，脾氣差，說話大聲，不注意儀表，可是永遠笑得那麼開心。

如果哪天我們之間的關係沒有以前好了，也不要惆悵，也許這是人之常情罷了。

一起走過的路本來就很珍貴，無論怎樣，還是會覺得很高興認識當初的你。但我還是希望我們的關係能一直保持當初那樣好。

謝謝你，成為我的朋友。

人和人之間有過「一些時刻」其實就足夠了。人生的大

半都是荒野，是那些時刻把荒野照亮了。

×　×　×

也許每個階段我們都會遇到新的朋友，但你的心裡可能永遠都不會忘了曾經有過的情誼。

勸大家不要太執著於人與人之間的關係，不管是友情還是愛情，預設長期都是不太現實的，就自然地相處。風吹哪頁讀哪頁，人來人往任由之，命運把我們帶到哪裡，就是哪裡。

長久的陪伴是不可求的，能夠在合適的階段相遇，開心過、痛快過就已經是一種饋贈。我已經不再糾結一個好朋友或愛人到底能夠陪伴我多久，他們讓我見過光亮，輕輕托舉過我，就已經是相遇的意義了。
我說不清自己是在哪天對這件事變得坦然的。

我很珍惜和朋友在一起的時間，也接受未來的某一天或許我們不再同路，開心的日子是閃著光的。
無論最後那些曾經同行的人各自去了哪裡，都沒關係，那些在一起的日子，都不應該被刪除。

/

12

哭一哭，
是最低成本的鬆弛

曾在網路上看到這個提問：

為什麼現在的成年人越來越不敢表露自己的真實情緒了？

因為他們只把自己當成年人，
卻沒把自己當人。

你那麼愛逞強，
是在扮演鋼鐵人嗎？

8月，我出差時，找小姨媽一起吃晚餐。

輩分上，她雖是長輩，可我們兩個年齡卻相仿，並且一起長大。

我們飯後散步聊天，從最繁華喧囂的路段走到僻靜悠遠的偏巷，感覺今年的夏天，異常炎熱。

小姨媽跳槽到知名電商網任職，開始走職場精英風，整個人精緻得宛如一板一眼的畫報。

雖然她目前租房，但工作能力卻是頂級的。走著走著，她突然說：「這兩年我感覺自己過得很孤獨，有時候半夜醒來會覺得全世界只有自己，那一刻，我吃力而孤獨，甚至難受地哭過。」

孤獨到哭，這樣的感受我沒有體會過。當時我靜靜看著她，似乎也能想像她所經歷的，周遭一片漆黑，心裡空空蕩蕩。

✖ ✖ ✖

上個月，因為工作太多，小姨媽在協調過程中把一部分工作交代給實習生。可實習生竟然忘了對接一位嘉賓的時間，最後臨時打電話過去賠禮道歉。

主管知道後大怒，把小姨媽叫到辦公室，明確表示要扣

掉她的季度獎金。為了不讓實習生丟掉工作，小姨媽扛下了這個「鍋」。儘管這個項目她盡心盡力負責了 2 個月，無奈的是，這個致命的錯誤還是必須由她承擔。

成年人，背鍋這種事肯定不是第一次，也不會是最後一次。她心中煩悶，當天下班後回到家，難過得沒心情吃飯。

晚一點，她給家裡打了電話，聲音哽咽。
家人的安慰方式是：誰在職場裡不受點委屈呢？比你辛苦的人更多，都多大的人了，還哭？

晚風吹著小姨媽的頭髮，我抬手將頭髮掖在她的耳後。
這件事如今已經過去，可是聊起來，小姨媽的語氣裡，仍藏不住失落。難撫平的不是職場小事故，而是不被理解、不被允許哭泣的心結。

為熬幾個大夜卻夭折的專案難過，為一篇耗費精力卻被否決的稿子難過，為計畫好的旅行卻突然被取消航班難過，為好不容易攢夠錢卻已經買不到的裙子難過，為準備半年的舞臺劇卻在演出前摔傷腳踝難過。
哪個比哪個更值得哭一場呢？我們是斷定不了的。

難過是沒有比較級的。「我現在很痛苦」和「還有比你

更痛苦的人存在」，這兩者之間完全沒有關係。

✖　✖　✖

瀟瀟姐半夜 1 點多打電話來，一開口就哭了。

「我不過是想要個寶寶，怎麼這麼難？三次試管嬰兒都失敗了，花錢受罪我認，可為什麼不能換個好結果呢？」聊到最後，瀟瀟姐號啕大哭。直到她哭累了，才去睡。

因為擔心她，第二天我約她，在她公司樓下一起吃午飯。

我坐在靠窗的位置，看見瀟瀟姐和幾個同事一起從辦公大樓裡走出來，淺色西裝配細跟高跟鞋，幹練明快，笑意盈盈。

「看見你，我就放心啦。」

「昨晚謝謝你，如果沒有跟你聊聊，我感覺自己一分鐘都熬不下去了，也就能跟你吐一下苦水。」

「別這麼說，心裡難過不要憋著。」

「心裡還是難受，但我還是要打起精神，今天一天的會，還要見客戶。至於孩子，順其自然吧。」

她臉上透著壯士般的毅然，再也不是昨夜那個崩潰得體無完膚的小女人。

看著瀟瀟姐，我想起之前有個朋友在失戀後發了一條悲觀傷感的貼文。這倒也沒什麼，誰不想身邊能有幾個知冷知熱

的朋友給點安慰和陪伴？好像有人分擔著，心酸痛苦也就沒那麼難熬了。

可是過了十幾分鐘，她卻默默地取出手機刪除了當時的那條訊息，並跟我說，以後這樣的事情再也不會貼文了。

「為什麼？」

「成年人了，寫這些太矯情了。」

我一陣心疼，到底是從什麼時候開始，我們連大大方方地難過都成了一種奢侈？難過想哭是一件丟人的事情嗎？

幾歲、十幾歲遇到齟齬坎坷的時候就可以發洩，但成人了，進入社會，就必須關閉流淚功能，握住拳頭，就算心中滔天的悲憤委屈撲面而來，也只能惡狠狠地咬著牙，告訴自己，你是一個大人了，必須像一個鋼鐵人一樣去戰鬥。

網上曾有一個提問：為什麼現在的成年人越來越不敢表露自己的真實情緒了？

因為他們只把自己當成年人，卻沒把自己當人。

✖ ✖ ✖

生而為人，我們本來就有七情六慾，任何一種情緒都是正常的存在，不會因為你年齡的增長而顯得不合理。

有人欺負你，不尊重你，甚至踩著你的底線挑釁，你生氣是正常的；有人不在意你、冷落你，你難過沮喪也很正常。你並沒有走到街上，見人就打，見店就砸，怎麼就不能有小情緒呢？

真正的情緒管理不是穩定和控制，而是能夠包容自己五顏六色的情緒，懂得合理釋放出來，再恢復平靜，表裡一致，與自己和解。

不管今天過得多麼糟糕，哭完、喊完、鬧完，記得認真卸妝，洗臉沖澡把頭髮吹乾，舒舒服服地鑽進被窩，醒來又是一個明亮的早晨。

任何時候自己的感受都是最重要的，尊重自己的一切情緒，才是把「真正做到愛自己」落到實處。

很多人都說，成長是把哭聲調成靜音的過程，可我覺得成長是一個把難過縮短的過程。

畢竟人並不是因為強大而刀槍不入，相反，人往往是因為強大而敢於脆弱。

每個年齡都有每個年齡相匹配的煩惱，無論如何，它都會在那個年紀，安靜地等著你，從不缺席。

對於那時的挫折和痛楚，你要學會的是接受和坦然面對，承認自己的脆弱，接受自己的不堪，敞開心扉地容納它們，告訴自己，它們都是你生命裡的一部分。

哭一哭，真的是最低成本的鬆弛。

這幾年，我一直在尋找具體治癒的辦法，最終發現，還是要用眼淚來了結，最徹底、最痛快。

在世間摔打很多年，願你我依然還有被感動的能力、流淚的能力、脆弱的能力，以及能永遠溫柔地看待這個世界。

13

/

我一直愛著你，
只是從濃烈變成悄無聲息

失去一個很珍惜的人是怎樣的體驗？
有人說，
想有一隻永遠認得我的海豚，
也想讓它好好在海裡玩一輩子。

希望它別忘了我，
也希望它快樂。

換個角度想，愛情裡最美好的四個字不是「白頭偕老」、「相濡以沫」，而是聽起來十分寡淡的「有始有終」。

這個終，當然指的是結果。多少愛情，開始時你儂我儂，結束時一地潦草。如同電影結尾處，逐漸散去的細霧，只留給當局者和觀眾們意猶未盡又不得不說「再見」的惆悵感。

全世界都在教人怎麼表白，卻沒人告訴我們，該如何說再見，該如何平靜地忘記。

我好像沒有講過成賢的故事。

高成賢的名字是他給自己改的，那時候韓劇盛行，他說這名字聽起來就是韓國帥氣歐巴。實際他叫高小博。

年後，成賢從部隊回來。約了我們去逛逛，買了幾罐啤酒，坐在殘破的石階上，成賢說：「我最近常夢見小豆，不知道她現在過得怎麼樣……」

大概只有在酒精的作用下，成賢才會打開話匣子，說來說去，都是關於小豆的雜事。

她喜歡林俊傑；喜歡收藏各種圖案的手提包裝袋；吃火鍋的時候喜歡用辣椒粉拌麵；看電影只選喜劇片和動畫片；喜歡穿露腳趾的涼鞋；一定要手寫生日卡片送給朋友。

過去，成賢總是跟我們抱怨小豆不喜歡撐傘這件事，只要是雨天，不管多遠，成賢都要去接她。如今下雨，成賢反而要出去淋一圈，也不知是跟誰學的。

聽說，頻繁出現在你夢裡的人，是你的大腦感受到了你的思念，替你見了一面朝思暮想的人。有的人真的不是不聯繫就可以放下的。

✘ ✘ ✘

時間倒回到大學。

成賢和小豆也不是最開始就相愛的，一開始兩個人是出了名的歡喜冤家，處處針鋒相對，就連各自社團招新生也要互別苗頭。

從大一鬧到大三，成賢有過無數次想要衝進女生宿舍，「掐死」小豆的衝動。直到有一次，小豆在廚房裝熱水時，從樓梯上失足滾下去後，燙傷加上摔傷，在家休養了兩個月，成賢才發現自己心急如焚，週五下課就立刻買了火車票去看小豆，周日下午再坐火車返回學校。

成賢跟我們說：「完了完了，我不會是墜入愛河了吧？」

有時候，我們只能在真的發生了點什麼時，才能看清自

己的心。

有一次兩人半夜溜進了北湖公園，在一片大樹掩映下的草地上並肩躺著，身邊傳來一陣陣的青草香和樹梢上的蟬鳴，好像每個人的人生裡都應該擁有一個這樣的夏日夜晚。

這天成賢向小豆告白，：「可以做我女朋友嗎？」
「可以呀，但我有個條件。」
「你說！」
「交往採積分制，達到 60 分我們就交往，低於 60 分關係自動解除，由於我養傷那段時間你的表現，我先給你加 10 分！」
「那我必須朝著 100 分努力！」
小豆背著手，歪著頭，抿著嘴笑：「嗯⋯⋯100 分的話，100 分的話，我就嫁給你。」
成賢樂得就差原地表演後空翻了。

✖　✖　✖

小豆出去寫生，成賢提前去了周邊幾個小山坡踩點。小豆全心全意地畫，成賢在一旁全心全意地採花，編成花環戴在她頭上。加 10 分。
夏至那天，原本去參加籃球比賽趕不回來的成賢，在小

豆專業課 8 點 20 分下課的教學樓門口放起了煙花。加 10 分。

林俊傑來開演唱會，當他唱起《一千年以後》，小豆轉過頭，在成賢熱到滾燙的臉上「啪」地親了一口。現場熱鬧無比，但那一刻世界都安靜了，那一吻，就像開一瓶慶祝節日的香檳，在成賢心裡炸開了花。加 30 分。

兩人的交往，在甜蜜的小事中，成賢一直在累積加分。

大四，小豆提前去成都一家知名動漫公司實習。
送小豆那天，成賢說：「我現在是 95 分，能給我加到 100 嗎？」
「在我心裡呢，你已經是100分了，可我們不能破壞制度，看你接下來的表現哦！」小豆帶著那種離開校園、初入社會的興奮說道。

✖ ✖ ✖

之後，兩個人靠電話小心翼翼地維繫著感情。
三個月實習期過後，小豆回來，我們聚在一起。從成都回來的小豆變得無辣不歡，在潑辣的紅湯裡打撈起一片牛肉，大快朵頤。
「小豆，你這次出國學習要多久？」成賢的室友問起。

「三年，很快的。」

我們幾個互相看了一眼，又看向成賢，他不說話，只是盯著小豆，給她涮毛肚、貢菜、黃喉，在可樂罐裡插好吸管，遞過去餵她。

沒過多久，小豆就從同學那裡得知成賢家裡讓他去當兵的事。

「沒什麼，你當兵五年，等我回來，我就去部隊看你。」

「嗯嗯。」

送別宴那天，小豆特意化了精緻的妝，穿一身白色連衣裙，喝了不少酒，話都結巴了，嘴裡還一直嘟囔著：「時間很快的，一定很快的。」

那天半夜，成賢搬出煙花，兩人互相靠著看煙花升起、綻放、暗淡、落幕、變為灰燼，誰都沒有說話。

✖　✖　✖

成賢和小豆歷經了曖昧、表白，到分手，從大學到工作，兩個人小心呵護著這份感情，後來小豆要出國時，成賢說去機場送小豆的那天，看著她的背影，突然覺得自己的某一部分也被帶走了。

小豆一個人在國外，壓力很大，過得並不順心，但又不想放棄，只能死撐硬抗。成賢除了每天固定用手機的時間可以聯絡小豆，大部分的時候都是失聯狀態。

　　兩個人通話的時長越來越短，頻率越來越低。「我好累，先不說了」成了兩個人對話時大部分的結尾。小豆不知道自己為什麼這麼疲倦，成賢也不知道。

　　他們感覺得到，彼此之間有什麼東西消失了，只能靠著過去的感情維繫著情感。

　　在一次持續了一個小時的通話裡，小豆在最後說：「你來找我吧。」

　　成賢沉默。

　　「我們分手吧。」

　　成賢還是沉默。

　　「你選一個。」小豆掛下電話。

　　那天之後，她在等他的答案。

　　他卻沒給她打過電話。

　　聽說，小豆最後給成賢發過一條訊息：沒什麼好猶豫的，如果兩難，那就兩斷。如果覺得太累，及時結束並沒有錯。

　　一晃五年過去了。

　　失去一個很珍惜的人是怎樣的體驗？

有人說，想有一隻永遠認得我的海豚，也想讓它好好在海裡玩一輩子。希望它別忘了我，也希望它快樂。

你們懂那種感覺嗎？
明知道和對方早就不留戀了，但還是忍不住想拖延散場的時間，非要看看能走到哪一步。

✖　✖　✖

添加好友，通過驗證，修改備註。
設置背景，置頂聊天，特別關心。
取消置頂，還原背景，修改備註。
刪除好友，故事很短，有緣無分。

一個和自己有著幾百幾千頁聊天記錄的人離開了，一個看過自己哭也陪過自己笑的人消失了，說不難受是不可能的。
一個曾經那麼那麼愛的人，一個愛得真切又恨得熱烈的人，變成閉口不提的曾經；一起暢想規劃過的未來，莫名就替他人做了嫁衣。

陳奕迅的《我們》裡唱著：「我最大的遺憾，是你的遺憾，與我有關。」故事總是開頭特別得好看，層層鋪墊，引人入勝，只是每個故事，都終究會走向尾聲。

最後的最後，你沒有回我最後一條消息，我也很默契地沒有再發。或許在某個午後或深夜，順手就把對方加進了黑名單，就這樣消失在彼此的生活裡，好像從來沒有認識過。

✖ ✖ ✖

我們問成賢，就這麼難忘嗎？

成賢悶了一口啤酒：「那是我永遠也得不到的 100 分。」

電影裡，沈佳宜沒有跟柯景騰在一起，陳孝正錯過了鄭微，陳尋離開了方茴。

從《那些年，我們一起追過的女孩》到《致我們終將失去的青春》，再到《匆匆那年》，好像都在告訴我們一件關於青春的遺憾，那就是──未完成的愛情。

大概，不是每個故事都會有結局，而大多數時候原本看起來天造地設的兩個人，突然間就宣佈了分手，最後連句再見也沒有。再或者明明互相喜歡，卻沒能在一起，最後形同陌路，變成陌生人。

那個讓你對明天有所期待的人，根本就沒能出現在你的明天裡。

人這一輩子，總是在遺憾中度過：愛而不得的人、忘而

不能的感情、求而不得的夙願。在歡愉時分沒有人想過以後會怎樣，可是誰也無法避免某些事的終場、某些人的離開。

　　明明已經道別了，但仍舊會長久懷念那段曾經在一起的時間。人總是這樣，太喜歡懷念，明知道懷念一點用都沒有。

　　回憶還在像走馬燈似的旋轉不停，只是一層層地被打上了黑白的馬賽克，開始告誡你我那些都已經是過去，也只是過去。

　　其實大家心裡都明白，無論如何也回不去了。

　　對於真心愛過的人，相忘於江湖，是離開對方生命裡以後，對彼此最大的尊重和慈悲。這段路，你們只能陪彼此到這裡了，即使當初是真的打算為對方赴湯蹈火。

　　當然希望天下有情人終成眷屬，但也不得不接受，很多故事到最後，不過是相識一場。

　　世界上沒有反方向的鐘，四季輪轉都在告訴你：不要回頭。

14

/

留在原地還是遠走他鄉，
你選哪個？

考上公務員不是終點，
結婚生子不是塵埃落定。
一個人的內心要有所支撐，才算真的安穩。

沒有任何一種人生可以高枕無憂，
最後的生活，還得自己去過。

我們這代人，畢業後基本兩條路：回家考公務員和遠走他鄉。

大竹是我們班的班花，170cm 的身高，大眼睛配上毛茸茸的長睫毛，上學的時候我們都覺得，以後她是要去大城市的那種女孩。

可事實是，畢業後，大竹在家複習考公務員，一年後如願以償考上了稅務局。從此，她成為大人們飯桌上熱衷討論的「別人家孩子」。

同學聚會上。
「大竹，上學的時候我總覺得你以後是要當明星的。」
「對對對，就是電影裡的那種女主角。」
「不過我們小城市壓力小，安逸舒適，也很好。」
大家七嘴八舌，她只是笑笑不說話。

後來我才知道，畢業的時候，大竹給了自己三個選擇：考研究所、考公務員和北漂。偏偏大竹的媽媽當時因為乳腺癌去世了，大竹決定留在家鄉，陪在爸爸身邊。
她說：「命運幫我做了選擇，也沒什麼不好。」

一般來說，這種「別人家孩子」只是討喜長輩，可偏偏大竹也俘虜了一群同齡人發自內心的認可。她原是平輩中的佼

佼者，這不是指她傲人的成績、肯下功夫的骨氣，而是她對於人生的多角度規劃總是令人覺得驚奇。

大家對公務員的印象，多半是刻板的、會讀書的呆子，但大竹顯然不是這類型，她聰慧、靈活，不是死腦筋不知變通。

考上公務員之後，大竹做的第一件事是去報名插花課，因為她從小就想擁有一間自己的花店。在她看來，考上公務員不過是個開始，她不想渾噩度日，不想過那種每天都在複製黏貼前一天的生活。她說如果那樣，她彷彿看到了幾十年後空洞、衰老、褶皺、即將退休的自己，就像歲月流水線上大量生產的人形木偶。

大竹，不願做「人偶」。

她做出這種選擇，卻沒有只過一種生活。

除了工作需要，她還抽出了更多時間去滋養興趣愛好。插花只是其中一個。她說：「因為不知道未來究竟會怎樣，所以時刻提醒自己不能掉以輕心。」

時代正在迅猛發展，鐵飯碗的概念已經越來越弱化。進到體制內，並不意味著一生安穩，清清閒閒地過一生。它有自己的麻煩，也有自己的危機。

當哪天政策大洗牌，時代大換血，你能否在風起雲湧中

屹立不倒？如果不能，請開始反思：離開體制，拋開平台，自己還能剩下多少價值？

這或許是每個年輕人都應思考的問題。端起「鐵飯碗」沒什麼大不了，能夠依靠自身打造出一個不可替代的「碗」來，才踏實。

真正的安穩，是來自一個人可以自我負責的能力。

✖ ✖ ✖

去年我在線上上寫作課堂認識了一位做自媒體的博主，有次我們在一起聊做平臺的事。

我們聊到很晚，在回酒店的路上，我說：「其實除了寫文，我還有別的事想做。」

「比如呢？」

「我想開一個小紅書帳號，分享我的讀書心得和生活好物。朋友在認識幾個比較靠譜的廠家，她想和我一起做少女品牌的服飾。」

「聽起來挺不錯的，那就去試試啊。」

「可是我對新領域完全不懂，怕做不好，而且我年紀也不小了。」

「你回去好好休息，明天我帶你去個地方。」她說完朝

我眨了眨眼。

　　第二天，她帶我去看了場演奏會。

　　期間，她指了指臺上拉小提琴的人：「你看她，那是我閨密。她畢業後就進了國營企業工作，整天坐在辦公室，好像一眼能看見 30 年後的生活。」

　　「後來呢？」

　　「後來她辭了職，因為這事和父母吵了幾次。離開家後她去了維也納，去學習小提琴，基礎學習加進修，一學就是五年。她說她小時候的夢想就是穿著長裙，優雅地站在臺上拉小提琴。她害怕自己在整日重複的無聊工作中慢慢老去。」

　　「那她蠻成功的。」

　　「因為她沒把自己困在原本的框架裡。她今年 30 歲了，這幾年家裡催婚催得緊，身邊的朋友、同學的喜酒喝了一波又一波，可她不急，她說自己要去追尋自己想要的生活，其他的命運自然會給她安排好。」

　　演奏結束，樂團在臺上謝幕。

　　那位拉小提琴的女人眼睛裡好似閃著光，完全沒有大多數 30 歲女人的疲態。

　　留在家鄉還是去遠方，我們每個人都經歷過那個階段。網路上，人們正在大肆討論要不要在大城市工作，或者出國留

學是否孤獨難耐。

實際上，那些目標明確且不可動搖的人根本沒時間理會這些討論，也顧及不上那些掙扎、矛盾和痛苦，因為他們不會逃避自己內心的聲音，不會放棄想要追尋的人生。

直到今日，我依然會對那些背起單薄行囊，在外闖蕩的女孩有著無來由的好感和欽佩。

在這些女孩身上，我彷彿看到很多年前的那個清澈莽撞、憋著一股勁兒的自己。

別拿年紀給自己設限，衡量人生好壞的標準從來都不應該是你是否在某個年齡做沒做某件事，而是你是否實現了自我，是否過著自己期許的生活。

✖　✖　✖

前陣子我用 1.5 倍轉速重看了《北京女子圖鑒》。
它那麼赤裸又真實。

陳可是個四川姑娘，不安於在老家做著月薪微薄的工作、被親戚安排各種相親，於是帶著行李獨闖異鄉。她和所有獨自漂泊在大城市的姑娘一樣，充滿著成長打拼和一身熱血。

大城市的經歷，其實就是一場高濃度且熱烈的體驗。

豐富的資源、便捷的服務、高密度的資訊，無論是觀念、每個人的獨特性還是生活消費方式，都顛覆你過去十幾二十年的「我以為」：

網路上高讚數的美術館或許就在你家附近，然後步行就可以到碼頭看網紅拍攝的夜景；原來圖書館不都是由冰冷的大理石組成，也可以是帶院子的小洋樓，在籐椅上翻幾頁書，緬梔子從樹上落到你的裙邊；你只需要開車半小時就能到達體育館，去演唱會現場看你從十幾歲就喜歡的歌手；喜歡的作者開新書發表會，你排隊等他的簽名，和他握手，說「我夢想成為像您一樣的人」；原來街上隨處可見穿蘿莉塔和日系可愛 JK 的女孩；原來梳著髒辮說唱也是一種才華。

這是大城市的好處，資訊四通八達，一切皆有可能。

這也是大城市永恆的魅力：縱使生活成本高昂，但遠離了小城市的那種平淡重複的生活與盤根錯節的關係網，讓人清爽而相對公平地靠實力說話。

尺規不同，這裡不做定義。我所指的大城市就是比你長期生活的城市更進步、更「一線」，需要你踮起腳尖甚至跳起來才能夠到的地方，每個人心裡都有自己的答案。

我的意思是說，如果有機會在更大的城市生活過，你可以更立體、更多面向理解社會金字塔的形狀——社會的階層、資本的流動、地域文化的差異、人與人之間不同的原因。

　　讀《平凡的世界》一書，看到孫少平的選擇時，我是理解的。雖然他沒有高學歷，沒有什麼關係和背景，但還是盡自己所能，想改變自己的命運，走出一條屬於他自己的路。

　　有人網路發問，說感覺孫少平也沒混出個名堂，努力了半天，最後還是個挖煤的，那奮鬥的意義何在？事實上，放在生活中，能混出名堂的人，如魚躍龍門，少之又少。

　　但這並不妨礙少年的熱血，有沒有去做和有沒有成功，其實是兩碼事。你去闖了，沒成功，最起碼嘗試過，不後悔。你心裡有念想但沒敢去，之後一直會背著遺憾。

✖　✖　✖

　　你呢？

　　此刻的你是留守在家鄉享受安穩，還是決定去異地為夢想努力奮鬥？

　　以前我可能會說，什麼現世安穩、歲月靜好，跟 20 歲的你沒關係。你要趁早行動，早日掀起自己的風浪來。

但現在，我不會這樣了。

我只會跟你說，跟著心走就好了，哪有什麼絕對的對與錯。

這個世界除了朝九晚五，還有很多人加班到深夜，沒有雙休，沒有熱好的粥，沒有燈火通明的家。在家的人羨慕外面的花花世界，在外面的人午夜失眠也會想家。

故鄉安置不來肉身，他鄉安撫不了靈魂，有遠方就有鄉愁，人生這條路，怎麼選都會有遺憾，所以，不要美化那條沒有選擇的路，沒必要，別糾纏。

想起《七月與安生》電影裡的一句話：「過得折騰一點，也不一定不幸福，就是太辛苦了。但其實，女孩子不管走哪條路，都是會辛苦的。」

生活總是艱辛，日子依然漫長，你和我都是時代洪流裡非常微渺的存在，但是再渺小的個體，也要活得敞亮、自在，散發著光芒。

沒人能保障你循規蹈矩就能一輩子活得安穩、沒有難題，也沒人能說赤手空拳出去闖蕩就一定能弄出名堂。

渴望認同，終究是活在別人的期待裡，扔掉別人的看法，放下自己不真實的期待，選擇合適，接受選擇，就挺好。

　　沒有任何一種人生可以高枕無憂，最後的生活，還得你自己去過。

15

/

希望你有轟轟烈烈的愛情， 也能體面收場

結束時，

「誰輸誰贏」是小孩子考慮的事情，

成年人只想「好聚好散」。

你不是失去愛人，

你只是撕去了日曆中那幾頁認真和誠懇，

愛要有情有義，也要隨時離去。

一位讀者跟我說她分手那天的事情。

她在電話這邊哭得上氣不接下氣，話都說不清楚。

對方沉默半天，突然說：「你知道嗎，你現在哭成這樣，我一點感覺都沒有。」

她的哭聲停住了，聽到對方說了一句：「甚至覺得有點煩」。

她怔了兩秒，說：「我知道了。」然後掛掉電話，坐在牆角，發呆許久。

後來她起身洗洗臉，就去工作了，她說在那一瞬間，好像有一大車水泥灌進心裡，並且很快就凝固了。

聽完後，我想起好友秋子說過的一句話：「失戀也要落落大方」。

×　×　×

秋子，是一個我認識多年的朋友。

上個月，她從一段即將「修成正果」的感情中脫身，下定決心分手，且迅速恢復常態。

我瞭解這位貨真價實的愛情選手，也見過她感情裡的軟肋，只不過這次實屬反常，於是好奇問道：「為什麼你抽身得這麼快，難道你當時不愛他嗎？」

她歪著腦袋想了又想：「愛啊，愛到不能再愛了，但也實在愛不下去了。可能因為當時特別認真吧，所以也能心甘情願地分手。」

秋子是一位「野生攝影師」，創業成立一間自己的工作室，平時幫雜誌拍封面照，接些明星寫真或者活動通告側拍的案子。（雖說算不上大老闆，但她也在圈內小有名氣。）

吳先生是秋子的一位普通客人。

他帶著自己的英國短毛貓來到店裡問：「可以給寵物拍藝術照嗎？」

恰巧那天工作室的攝影師都出外景了，只剩秋子這個老闆「看家」。秋子走過去，摸了摸吳先生的短毛貓：「當然可以！」吳先生的小貓叫貝殼。貝殼很是配合拍攝，時不時用頭蹭著秋子。

「3個工作日會把照片寄到您的信箱或者加個聯繫方式。」

「那我們加個微信吧，直接找我就行。」

古往今來，才子佳人，無巧不成書。晚上關店前，秋子在休息區撿到了吳先生的證件。

「吳子豪，吳子豪。」秋子念著吳先生的名字。

　　故事的開端，總是充滿了浪漫和巧合。

　　後來，秋子把他們的相遇、相識和一步步確定戀愛關係的過程都寫進筆記簿裡。兩個人一起去過的地方、聽過的情歌、拍過的合影，密密麻麻地構成了兩個人的戀愛地圖。

　　「他一點都不像貝殼，懂得柔軟討好，他總是克制的。」秋子這樣形容吳先生。

　　兩個人後來一起租房，日子雖算不上花團錦簇，但吳先生會在經常陪秋子出來採集風俗民情，給她當支架、當燈光師、當搬運工。

　　我有次被邀請到她家裡吃飯。

　　「我們出去吃吧，在家做有點麻煩。」我說。

　　「你嘗嘗我倆的手藝嘛，特特你看，食材在鍋裡翻滾，咕嚕咕嚕，冒著熱氣，整個家變得霧濛濛的。原來我們父母那一代人口中的日子就是這樣。」

　　「呦，要走賢妻良母路線？老吳，你以後可得對我們秋子好一點。」

　　「嘿，一定。」

　　我看著他們兩個在狹小的廚房裡，你一言，我一語，我

也在想，這世界果然有人在偷偷幸福著，那時候我也以為他們的感情是會「結果」的。

但我和秋子都忘了，時光漫長，美好的東西大多只是一瞬間，熱鍋總有冷掉的時候。

從小就立志成為優秀攝影師的秋子，對創業的執念從未有過絲毫動搖，她夢想去非洲拍動物大遷徙。可吳先生由於父親早逝，這幾年他越來越想回到老家，陪在媽媽身邊。他幾次旁敲側擊想帶秋子一起回老家，可秋子每次都是以「不可能」作為回應。

漸漸地，兩個人雖然在一個屋簷下，卻連週末休息時間都要故意和對方錯開。

「我們不是在鬧脾氣，而是因為一些具體、現實、困難的問題，我們無法逃避，也無法讓步。」秋子這樣說。

吳先生走的那天，秋子本來不去送的，持票進入閘門時又氣喘吁吁地追到車站。

「你決定和我一起走了嗎？」

「不，我是來跟你道別的。」

「秋子，祝你前途似錦。」

秋子拿出一張兩人的照片，塞進吳先生的手裡，轉身離開。

你怎樣打開我，就請怎樣關閉我；我們怎樣相遇，就怎樣結束。

　　很久以後我們會明白，原來前途似錦的另一個意思是，再也不見。可我們不能因為終要離別而忽略曾經擁有過的、珍貴的瞬間。

　　二十六、七歲以後，好像不再追求那種只問今朝不問來日的感情，而想要更直接、更真實，能夠看得到計畫和未來的可以稱之為「親密關係」的關係。

✘　✘　✘

　　分手大概有兩種。

　　一種是互相「持刀」相殺，因為太瞭解對方，所以招招擊中要害，消磨愛意，直至愛情血肉模糊。

　　另一種是針扎式，看似外殼毫無損傷，心態平穩，其實你輕輕一碰，他就痛的徹夜不能眠。

　　從嘴上說分開到體會到這個人徹底離開了自己的生活，這個過程，秋子最開始也沒能適應。

　　起初，秋子下班就去逛街，在商場一口氣買了四季的衣服、六雙鞋子；週末約上姐妹，一起踩點嘗美食；從前的按時健身和飲食搭配也不顧了。

兩個月後，腰腹多出的贅肉和雙下巴，像是在嘲笑她失控的人生。

　　秋子辦了去西班牙的簽證，臨行前突然想起，這是她和吳先生約好的下次旅行，她頓時覺得馬德里皇宮失去了魅力。

　　從相框裡取下的相片、扔掉他的牙刷和枕巾、鞋櫃突然多出來很多空位……那些看似不經意的小事，才讓我們意識到，愛過的那個人已經不在身邊的事實。失戀就是這樣，雖不至於讓一個成年人分崩離析，卻會從飽滿的肌體裡一點一點抽離掉那些跟「他」有關的情愫，波動是無可避免的。

　　和喜歡的人分手的時候，你不僅是跟對方分手，也是在跟過去的自己、被愛的自己告別。正因為分手實際上是對自己告別，所以才會那麼痛苦。

　　小說和電影裡的愛可以戰勝一切，我也相信這世界最強大且持久的力量，就是愛，別無其他。可是在現實裡，真正能為愛逆光飛行的人又有幾個呢？
　　愛情真的不是踮踮腳就能如願的。

　　對於秋子來說，夢想是她的命。
　　對於吳先生來說，是時候「踏踏實實」了。

這世界太多愛情高開低走，沒有「以後」，一介凡人，能做的不過是在愛的時候火力全開，不要留白；在分開的時候大大方方，好聚好散。

愛要有情有義，也要能隨時離去。

✖　✖　✖

還記得在周杰倫的演唱會上，一個叫「小仙女」的姑娘大嗆了她的前男友。

點歌時，小仙女說前男友和他的未婚妻也在現場，點一首《算什麼男人》送給他們。她對前男友喊話：「雖然他長得醜，眼睛也瞎了，我還是祝福他。」、「鏡頭拉近一點，讓他看看我有多美，他有多瞎！」

三天時間，這姑娘的粉絲已經從1萬漲到近40萬。後來媒體起底證實了「小仙女」是網路主播兼平面模特兒。是否炒作尚未定論，評論已經炸了。

有人說她「真性情」，但也有人說「太惡毒」。

這讓我想起一位朋友在失戀後跟我們吐槽，說：「『希望他以後都好』這話太假了，我說不出口，我巴不得他窮困潦倒，愛而不得，巴不得他身邊桃花無數卻無人真心對他。我要他日

日夜夜想起我的好，我要他跟我一樣痛苦，少一分都不行。」

我想說，分手，並不是世間無真愛，只是你們情分緣盡。

兩個人分開，只要起了報復對方的念頭，其實也是在對自己進行二次傷害。

抱著「我難過你也別想好過」的心態，狠狠地跟對方鬥得你死我活，殺敵一千自損八百，你心裡也會留下一道醜陋的疤。

一個能去放棄你，背叛你的人，他沒有想過會傷害你嗎？沒有想過你會恨他嗎？他想過，權衡過。這也就意味著，他根本不在意你的想法和看法。

愛到最後是運氣，中間說再見也是常情。總不能因為最後分開，就否認之前的一切。

用盡全力地愛一個人，也不顧一切地讓他愛上自己，不論在那裡經歷多少傷心或多少恥辱，不論是蠢得很熱烈還是聰明得很寂寞。

但凡發生的就是應該發生的，但凡經歷的，只要當時甘願，就是好的。

不要奢望愛情能從一而終。
雖然這樣說，但聽起來很難過。

年輕的時候，我們對這個世界總是懷有簡單而純粹的願

望。

比如，你是我朋友，你和我玩就不能再跟我討厭的人玩；你是我爸媽，就只能想著為我這個孩子付出；你是我戀人，就要一直保持愛情忠貞，不能出一點小差錯。

後來發現，根本不是這樣，畢竟人性就是最大的不確定。特別是愛情，不過是飲食男女，一生都在被慾望和執念挾持。

所以，當對方說出「我永遠喜歡你」這句話時，是在此番良辰美景、在情緒和慾望的發酵下，這一刻他對你的喜愛程度，讓他有勇氣說出「我會永遠喜歡你」，這跟他十年如一日地喜歡你，是兩碼事。

不要去期待一成不變的感情。

第一是這件事根本不存在，第二是不變的感情對任何一方都是負擔。因為事物就是在不斷發展的，誰也不知道明天和下個月會發生什麼。

與其擔心對方會不會一直愛你，還不如讓自己具備一直有人愛的底氣。

一切都會變，而你隨時可以選，才是最好的狀態。
他不愛你，你也可以不愛他；他不愛你，你要更加愛自己。

✖　✖　✖

但凡你動了真心，就會伴隨著受傷的風險。

沒有在關係中失敗過幾次，沒有幾次真正發自內心走到山窮水盡也走不下去的感情，人從來都不會真正地瞭解自己。

作家木心有句話寫得好：「人從悲傷中落落大方走出來，就是藝術家。」

同樣，戀愛這門學問，學的從來不僅是依靠本能和激情墜入愛河，還有如何體面地大方優雅地走出來。你不是失去愛人，你只是撕去了日曆中那幾頁認真和誠懇，而愛人，應當是鋪滿一生的。

不捨得的最後終究會捨得，放不下的回憶終究會放下。

經歷過的，你不能回到過去改變它，你也不需要否定原來的自己。讓過去沉澱下來，偶爾回頭看一眼，覺得自己沒有愛錯人，沒有白白浪費時間，就很好。

如果要對年輕人的戀愛提出實用的建議，以下是我的掏心話：

認真對待戀愛這件事，認真開局，認真維持，認真心動，認真心碎，並且認真收拾殘局。年輕時有過一些結結實實的失戀經歷，不是壞事。

秋子在那張合影照片的背面，寫了這樣一段話：

希望以後，無論你在哪裡聽到我的名字，都會嘴角微微
上揚地說：這是我以前喜歡過的人。分手是人間常態，你我又
不是什麼例外，只是想到沒能成為你的偏愛和例外，難免還是
會遺憾。我相信，每種分別都有它的意義。祝好。

有人說，所有不能再並肩的戀人，都是當初你在茫茫人
海中獨獨看到的他。
如今，你只需再將他還回人海中，如此而已。

哦對了，秋子和吳先生彼此都不知道：
在吳先生抱著貝殼來之前，店裡只拍人物，不拍寵物。
至於證件，是吳先生故意落在店裡的。

16

/

能賺錢和不掉髮，
是成年人最後的防線

沒有人會為你的人生負責到底，
父母不行，愛人更不行，
他們最多也只能陪你走一段路。

這漫長的人生裡，
你才是自己的那盞燈，
金錢也好，才能也罷，
都是燈芯，
是讓你更加明亮且有安全感的東西。

週末的時候，我跟編輯約在咖啡館小坐聊天。

「你覺得現階段，什麼事情比較難？」

「還不是掉頭髮和賺錢嘛。」

她明顯沒想到我會這麼回答，我能理解，大概她以為我會說出一些更漂亮或者更富有哲思的話。可惜我沒有，我當下真實的想法就是這樣。

過了 30 歲，職場陷阱、家庭矛盾這些已經被我列為基礎關卡，我有技能應付，我不再為可控的事情擔驚受怕、惶惶不安。

賺錢和掉髮，是我不可控的部分。

人到了一定的年紀就不可避免一定會遇到兩個問題：

一個就是眼看著自己的髮際線日漸後退，另一個就是眼看著自己的錢包越來越扁。

不是凡爾賽，雖然這幾年掉髮嚴重，但我頭髮的「基礎」蠻好，多且厚，所以大多時候，我都覺得：掉吧掉吧，別禿就行。

防掉髮我沒有發言權，我們聊聊女孩子賺錢的事吧。

✖　✖　✖

新聞裡一遍遍播放著颱風的即時消息，讓市民們做好防範。

　　一個颱風天，好友井井跑來找我，雖然分不清她臉上是雨水還是淚水，但她通紅的雙眼清晰可見，手裡的雨傘被風吹得七零八落。

　　「我願意和他一起吃苦啊，我相信會越來越好，他為什麼要和我分手？」

　　「或許，他不願意和你吃苦呢？」

　　晶瑩的淚珠掛在井井圓潤的臉蛋上，她抬頭看我，悲傷、驚訝，然後驚醒。

　　那個時候，井井和男朋友租著一個月租金極低的小平房。有次兩人一起走在街上，男朋友指著前面那一對提著大包小包行李走在路邊的情侶，對井井說，「你看，如果他們有錢的話，就可以直接搭車了。」

　　井井很早就跟男朋友說，各種節日、生日都不要買禮物，現在兩人的收入只夠維持日常，不能有多一點的額外開銷。可是在井井生日那天，還是收到了一款鑽石項鍊。

　　直到幾天後，井井收拾房間時發現找不到男朋友的相機，才知道他是把自己喜歡的相機賣掉才買了禮物。

　　「井井，我們分手吧。」

井井難以置信，又覺得無從反駁。

井井男朋友從畢業後的每一步都是規劃好的，剛畢業去什麼樣的公司，幾年之後準備跳槽去什麼樣的公司。而井井呢，畢業一年後還晃晃蕩蕩沒什麼作為，在她的想像中，還存在著一種自由職業，可以不定時撰稿，讓自己活得更自在些，怎麼看都不像能跟他並肩向前走的人。

大家都不容易，你又怎麼捨得讓愛人和你一起承受生活的苦呢？

沒有人會為你的人生負責到底，父母不行，愛人更不行，他們最多也只能陪你走一段路。

人都有自己選擇的自由，而每一種選擇，都是趨利避害的。我知道這聽起來很功利，但卻很現實。你得接受。

✖　✖　✖

有時候，真正的雞湯只有四個字：我買得起。

網路上有一段話：

一個女孩因為準備考研究所，每天 5 點去圖書館。男朋友覺得她辛苦，跟她說：「考不上沒關係，畢業了我養你。」嚇得女孩第二天 3 點就去圖書館了。

真好，越來越多的女孩開始清醒。

之前有個讀者跟我說，她看見跟自己同一期實習的新同事交了個很有錢的男朋友，豪車停在公司樓下，會給她送香水、包包、化妝品，還租了 20 坪的精裝公寓。

當她還在為能不能轉正而加班的時候，她的那位同事說實習不過是為了打發時間，很快就要去男朋友的公司上班了。

「特特，我也太慘了，自己實習期辛辛苦苦才賺一點點工資，還是交個有錢的男朋友省力氣。」

「你的同事是整天遊手好閒，什麼正事都不做的女孩嗎？」

她沉默了一會說：「不是的，她很會打扮、會穿、會玩。實習期不忙，她會錄美妝教程的視頻上傳到平臺，週六日還會和好朋友一起去踩點，分享攻略。她發起『打卡100家咖啡館』的活動，在網上很紅。經常有供應商寄樣品給她，想讓她帶貨。可她沒有因為佣金而失了底線，每樣東西都要自己試用，選好物推薦。」

「那不就得了，你千萬不要以為，只要跟有錢人結識，就人人都可以嫁進豪門。即便她沒有那個有錢的男朋友，也算個網路紅人，經濟獨立。」

那位讀者不再說話。

「親愛的，你的同事只是運氣稍微好一點，年輕的時候遇見願意給她經濟安全感的人。如果他們是彼此的真愛，那應該祝福。根本不用比來比去，沒意義。相信我，幾年後，你再回頭看看那些香水和包包，會覺得是太小的事情了，那時候，這點小東西你根本瞧不上。與其埋怨自己遇不上『有錢男朋友』，倒不如踏踏實實工作，讓自己先變得有錢。」

這些話，我不知道她聽進去沒有。

✖　✖　✖

記住，誰有都不如自己有！

我身邊很多個女性朋友都給自己買了房子和車，或是自己投資個副業。即便是貸款，但那也是無可比擬的安全感。

你才二十幾歲，一窮二白有什麼關係？穿便宜的衣服，等擁擠的公車，租不起高檔套房也吃不起精緻的西餐，又算怎樣？

你根本不需要因為自己現在的艱難和別人的嘲諷而介意，因為總有一天，你會依靠自己成全自己的夢想。

你想想，你經濟獨立的時候，買一瓶幾千塊的精華液獎勵自己無可厚非。可是如果你刷男朋友的信用卡，吵架翻舊賬

的時候，他嗆你「你吃我的用我的，臉上塗的都是拿我的錢買的，還要怎麼樣」，我保證，你會啞口無言，完全沒辦法回擊。

有人願意為我花錢是好事，但不必強求，因為人只有在刷自己的卡、花自己的錢的時候才最有底氣，也最安心。

每個人的「原廠設置」不一樣，要面對的人生也截然不同。

活著最好的意義，就是拼盡全力，不斷優於過去的自己。唯有跟自己比，才能體會到什麼是進一寸有一寸的歡喜。

這漫長的人生裡，你才是自己的那盞燈，金錢也好，才能也罷，都是燈芯，是讓你更加明亮的東西。

✖　✖　✖

年底將近時，和一個朋友聊天，我問她：「明年的目標訂了嗎？」

她幾乎毫不猶豫地回答：「繼續賺錢。」

五年前，朋友從實習生到普通員工，到專案組長再到現在的專案經理，拼命地賺錢。別人半年才能完成的項目，她只需花一半的時間便能完成。週末去泡沫紅茶店當收銀員，或是坐幾個小時的車去兼家教，其中的辛苦只有她自己最清楚。

她引用韓劇《灰姑娘與四騎士》裡的女主角的一句臺詞自嘲道:「灰姑娘哪有時間遇到王子啊?因為要忙著打工。」

　　她說:「迪奧又新推出一套美白護膚品,瓶子晶瑩剔透,讓人一眼就愛上,我想把它擺在我的梳粧檯上,那感覺肯定很棒。我這人其實蠻俗氣的,我這麼努力賺錢就是想把喜歡的東西收入囊中。」

　　很多人活得豁達、大度,買不買奢侈品、進不進高檔餐廳一點都不影響他們的心態,但如果你就是喜歡「閃光」的東西,其實也沒什麼不好。

　　長大後的女孩子愛包包和高跟鞋,和小時候愛芭比娃娃、愛蕾絲裙本質上是一樣的,都是想把心愛的東西捧在自己手裡而已,都是少女心。

　　同學聚會的時候,關於自己今年賺了多少錢這個話題,大家會巧妙地避開,有時還會加上一句「錢不用賺得太多,夠花就行」。只有她從不過分吹噓自己賺了多少,也毫不掩飾自己賺錢的熱情:「我還想賺更多錢。」

　　有人在背後說她年紀輕輕一身銅臭。她反倒覺得奇怪,努力賺錢怎麼成了被鄙視的行為?她會反問:「那房子、車子、化妝品、飾品,都用什麼買呢?天上會掉錢下來嗎?」

如今的女性要的是錢嗎?恐怕要的是尊嚴吧。

伸手去討，親媽也好，老公也罷，終有一天，會把自己的志氣和情分逼到絕路。要得太多，那就自己為這份體面買單。

我對任何工作都沒有歧視感，對每一個靠自己努力賺錢的女孩都心生佩服。
不管做什麼工作，只要她熱愛、付出、堅持，那麼就比那些碌碌無為還自我安慰的人要強一百倍。

當一個女人妝容完美、衣著得體地站在你面前時，她背後付出的，不僅僅是那些你不認得的瓶瓶罐罐，更是她為這完美的一切付出的時間和心思，也是她不想敷衍生活的態度。

✖　✖　✖

賺錢是好事，但用錢來包裝假精緻這事，我們順便來聊一下。
都說女孩子的臉是一張會說話的薪資卡，我看過一個統計，說女孩們出門一次的必備物品：水乳霜、防曬、眼影、粉底、遮瑕、粉餅、睫毛、睫毛夾、眉筆、腮紅、唇釉、鼻影、眼線、高光、修容……價值不裴。

如果按每個物品平均能用 100 次的話，每次化妝成本就要200 元，這還不包括日拋隱形眼鏡、美甲、護膚、做頭髮以及

各種醫美等。

這樣看來，每次睡前卸妝，至少 500 塊錢就隨著卸妝膏一起飛走了。

有位女孩曾跟我坦言，自己實習期一個月薪資 2 萬多元。

為了精緻的外表，她買大牌精華面霜、日系防曬乳、知名彩妝的修容和定妝，以及阿瑪尼全色系的口紅，還有一系列同款香水等。

每月買完這些，生活費只剩下夠買速食麵、麵包和廉價香腸。她已經很久沒吃正常的炒青菜了。

這樣看起來就很美很精緻了？可惜並沒有。

因為長期吃泡麵，她下巴和兩頰的青春痘狂長，加上熬夜、晚睡讓她整個人虛腫。遮瑕膏換了一個又一個，還是掩蓋不了臉上的痘痘，勞民傷財換來浮於表面的精緻，值得嗎？

錢包支配不了膨脹的欲望，苦苦追求，也是一種受罪。

「特特，我的生活失控了，我不能再這樣了。」

她倒是個說到做到的女孩。痛定思痛，她把重複購買的化妝品，放到了二手轉賣平臺上，並且開始調整飲食結構，以少油時蔬、雞肉或魚肉為主，吃得好又吃得飽。

每週一、三、五她都去公園慢跑或者爬樓梯，衣櫃也斷

捨離清理。

每天早晨起來攝取適量碳水化合物，午飯保持營養均衡，下午四點以後不再吃東西，甚至是過午不食。想喝奶茶，饞到不行就以一杯常溫鮮榨果汁代替。

她這麼堅持下來，結果皮膚變好，腰部緊致，神采奕奕，整個人反而精緻起來。

我非常贊同一句話：「真正的生活，是在能力範圍內享受到最好的，比平庸更講究，比奢華更自由，不必等到一切準備就緒，但也不能透支未來。」

符合收入狀況的、簡約的消費觀也能做到體面的精緻，也能把生活過得百般滋味、大方得體。

真正的精緻是順心而過，而不是被包挾在物欲橫流中迷失自己。沒必要的，人只要在經濟能力範圍內給自己妥妥貼貼的生活，就已經不容易了。

✖ ✖ ✖

社群裡曾有個女孩真誠地發問：「我們女孩子究竟是為了什麼要努力賺錢？」

大概是生存以上，生活以下，是我們大多數普通女孩的

現狀。

多一點資本，就少一點焦慮。這是我想到的第一個要努力掙錢的意義。

拼命向上，或許並不能真的爬升至什麼階層，但至少在人生曲折暫時跌入谷底時，谷底不那麼黑暗，你也不那麼害怕。

努力掙錢的女孩，也許並不能成為掙錢最多的、活的最舒服的，但是只要目標感明確，有一種欲望和野心始終激勵著，站起來，跑起來，這樣的女孩，過得就不會差。

時代變了，再也沒有誰為只想要最好的而感到羞恥。

每一個用努力、用勞動去賺錢、去改變生活的人，都是一個發光體。

錢給予我們的，是我之為我的具體存在感與成就感。比如自信，比如自由，比如更多人生的可能性。錢是站在理想這邊的，而不是其對立面。

17

/

這不是你夢寐以求的長大，
怎麼愁眉不展呢

從前難過的時候，油鹽不進，茶飯不思。
現在能一邊流眼淚，
一邊去廚房給自己煮碗麵，
還不忘加個荷包蛋。

所謂成長，
就是在人世間這個道場裡的一場自我救贖與修行。
從「愚昧之巔」跌到「絕望之谷」再慢慢爬上「開悟之坡」，
最後站到「持續平穩的高原」，這是漫長的成長路。

忘記從什麼時候開始，我們很難從社交軟體中看到負面情緒。就算偶爾看到一則心情不佳的貼文，過幾個小時再去看，就已經被刪了。更多的人會分享聚會，旅途美景，轉貼時下熱門話題，說些不痛不癢的話。

　　或許每個人看似熱氣騰騰的生活，都隱藏著只有自己才知道的「不舒服」。

　　這些隱晦的情緒像是螢光棒，白天看不見，可到了晚上關上燈，就能看得一清二楚了。而無一例外的是，那個一身軟肋無一盔甲的另一個自己，總會在第二天太陽升起的時候被刪除，然後重新投身到熙熙攘攘的生活中。

　　快樂得不純粹，悲傷得不徹底。

✖　✖　✖

　　網路上曾有一個討論量頗高的話題：「為什麼越來越多人，漸漸都不再發貼文了？」

　　好像確實是這樣，點開好友的頭像，很多都顯示著僅三天可見，或者只剩下一條冰冷的橫線。

　　我想這已經是很多當代年輕人的共性之一吧。不喜歡發文了，發了之後會習慣性地設置為僅三天可見，甚至有的時候還不到三天就直接刪除了。

社群媒體是一個看似熱鬧但實則又很冷淡的地方。

沒有人關心你今天去了哪裡，見了什麼樣的人，也沒有人在意你穿了什麼樣的新衣服，換了什麼樣的新髮型。

也許大家都各自忙碌著，無暇顧及你的心情，所以慢慢地，發文的人越來越少，僅三天可見便成了彼此共同的默契。

那些不發文，可能並不是他們為人冷漠吧。

相反，可能是因為他們正努力活在當下，幸福也好，難過也罷，所有的情緒都可以自己獨自消化。

小時候，我們總愛放大自己的痛苦，受了一點傷恨不得昭告世界。

現在，我們卻習慣隱藏自己的痛苦，那些四下無人的難過、那些深夜失眠的輾轉反側、那些不開心的事和想要發洩的情緒，都被長大後的我們管住了。

發文時只選最上鏡的那段日子，像是生活的剪報。在按下發送鍵的同時，那些幾乎完美的照片，已經替我們把糟心倒楣的破事一筆勾消。

生活不是糖罐，在我們那些小小的美好背後，是漫長的苦海。曬出的照片都是真的，可那並不等於生活的全部。

公開發文時就像是一個巨大的容器，它可以把我們的喜

怒哀樂都裝進去，卻不能把真實的生活都裝進去。

　　當一個人漸漸開始不公開發文，不是無話可說，不是怠於記錄，而是靜默地成長。如果你聽到她哽咽，麻煩你捂住耳朵，替她戴上帽子，讓她一直驕傲，一直漂亮。

✖　✖　✖

　　看過一則徵文：有什麼事情是你以前羨慕嚮往，如今卻發現事實並非如此美好的？

　　那些林林總總的留言裡，有這樣一條回答：「這不是你夢寐以求的長大嗎？你怎麼愁眉不展？」

　　這句話，戳中了我的心。

　　在還沒圍牆高的年紀，抬頭張望外面盛開的花，覺得世界搖曳璀璨、聲色俱全，等到可以走出去的時候，迫不及待地翻過那堵牆，連頭都不願意回。

　　後來才發現，世界的光鮮是真的，泥濘也是真的。

　　上天安排這些磨難與挫折，並不是想考驗我們能否一笑而過原地復活，太多的經歷都不可能一覺之後便從容面對，這些磨難的安排其實是讓你學會去承受痛楚，學會在困境中安然地成長，學會在逆風中繼續前行，需要你做的只是走過去，既

不丟盔卸甲，又不強顏歡笑地一步步安然地走過去。

無論你對突如其來的艱難如何咬緊牙關，總會在某一個瞬間覺得難以抵擋。沒關係，你可以在沒人的地方撫平痛苦。

任何尋求安慰的行為都不會讓你成長，宿醉、旅行、痛哭流涕，甚至和朋友的促膝長談，都只是讓你感覺暫時心安。

成長其實是特別艱難的自省，你必須拋棄所有說給別人和自己聽的漂亮話，正視你的無力與不可得，甚至一遍一遍被怨恨憤怒及嫉妒撂倒。

然後你才能體會到，所謂成長，就是在人世間這個道場裡的一場自我救贖與修行。從「愚昧之巔」跌到「絕望之谷」再慢慢地爬上「開悟之坡」，最後站上「持續平穩的高原」，這是漫長的成長路。

走出痛苦的過程，是你跟你自己的博弈。

如果你太軟弱，無法面對殘酷的現實，那你就會一直被困在原地，陷在低落的心態裡走不出來。向來都是強者打破重塑，弱者被動挨打。你永遠無法控制別人，你只能控制自己。

眼睛長在前面，就是讓你向前看的。

做一個隨時準備和這個世界死拚的人，做一個哭完之後勇敢面對的人。唯有你自己練就耐挫力滿格的心，才能在有風有雨、荊棘叢生的道路，妥妥當當地保護自己。

與其為過去的人和事折磨損耗自己，不如好好大哭一場，然後拍拍身上的灰塵，往下一個路口奔跑。

未來也好，遠方也罷。

這條路，可能不好走，可能布滿荊棘，同時也伴隨著各種現實和現實裡的孤獨。

我們人生最重要的事，不是幻想著有個王子騎著白馬來拯救我們，或者有一個冰雪聰明的公主來安撫你的心。

路還是要走下去的，靠著往日，靠著明日，靠著自己。
出色還是出局，你得選一種。

✖ ✖ ✖

小時候我們經常被問：「你長大了以後要當什麼？」
提出這個問題的人，期待的答案往往跟職業相關。

問題是，長大後，當我們進入一個更大的世界，當我們自己掌舵開船，步入大人的生活軌跡時，才發現「工作」只占

據生活的一部分，還有很多其他想追求的東西，還有很多真正能激發創造力、熱情和能量的東西，比如追逐夢想、搞發明創造、保持健康、環球旅行、跟愛的人在一起、做公益等。

當這些「其他追求」跟「當下生活」發生劇烈衝突，不斷堆積的負面情緒像超音波一樣，干擾你的心緒，攪得你不得安寧。

於是，學著跟不確定性、不如意、艱難相處，接納失望和缺憾，接受自己是一個普通人，自己的父母是普通人，接受以後自己的孩子可能也是個普通人。

理解世事是複雜多變的，明白世界上可能就不存在固定不變的東西，但依然有信心好好生活。也許這才是真正意義上的「長大」。

最酷的人生從來不是一帆風順，而是穿越驚濤駭浪，在痛哭流涕後，抹一把淚水，對命運說：「你厲害，但我也不是好欺負的！再來，我們三局兩勝！」

事實上，無論能人還是凡人，該吃的苦都要吃，該走的路一步也無法少。

永遠不要認為這個世界有什麼捷徑，也不要覺得自己應

該這樣應該那樣，不斷為過去的事懊惱、自責。

把精力留來讀書、運動，奔赴想要的生活吧，把自己的宏大目標拆解，大目標拆解成小目標，小目標拆解成每天要完成的任務，接著靜下心來，把每天該做的小事做好。

然後就是等，耐得住不斷延長的時間線，交付出足夠的努力堆砌在沉悶、晦澀的時光裡。只有這樣，歲月才能將「想要」一點一點交付到你手上。

走過心的人和事，終會內化成靈魂的一部分，而這一部分，能抵擋人生的孤寂無常。

最酷的人生從來不是一帆風順，而是穿越驚濤駭浪，在痛哭流涕後，抹一把淚水，對命運說：「你厲害，但我也不是好欺負的！再來，我們三局兩勝！」

少跟自己講「算了吧」，

多跟自己說「往前走，別回頭」。

每一個起心動念，

都是改變人生的引信。

18

/

逝去的親人躲在雲裡，
雨落時來人間看你

親愛的奶奶，
當我想你時，
我會抬頭看看天上。

如果你也想我，
就來我的夢裡逛逛。

我不害怕。

又是一年中元節。

哥哥去祭奠奶奶爺爺，發來照片。墓碑前擺著鮮花、水果、麵食和白酒。

活著的時候，奶奶和爺爺三天兩頭拌嘴吵架，後來甚至要分開住。現在倒好，兩個人的名字整整齊齊地靠在一起。

他們已經從我的生活裡退場很多年了。忙著趕路的間隙，我也會對著照片，跟他們說說自己生活裡發生的事，以及我的改變和成績，語氣平靜、心態平和。

我以為對於他們的離世，我早已釋然了。可當我翻找換季的鞋靴，掉出幾副奶奶生前為我做的花鞋墊；當我整理抽屜，看到奶奶爺爺的手錶，斑駁、老舊；當我深夜寫稿，偶然瞥了一眼筆筒，15 歲那年爺爺送的鋼筆居然還發著暗暗的光澤……我還是忍不住心裡一緊，原來，懷念也會帶著隱隱的痛。

親人的離開，不是轉瞬即逝的狂風驟雨，而是一場漫長的潮濕。

✖　✖　✖

我們從小對於死亡和告別的教育是缺失的，至少我自己是這樣。死亡這兩個字，人們在提到它的時候，總要用其他詞

彙代替：走了，去了。

原本不想把親人離世寫給大家看，但是又覺得對親人的念想和對死亡的思考，或許對大家來說，也是很有意義的事情。

我曾聲淚俱下地寫下過童年和爺爺的點點滴滴，怕老奶奶吃醋，這一次，補給奶奶。

✖ ✖ ✖

奶奶的一生很普通，三兒三女，她是那個年代再普通不過的女性。爺爺算不上顧家，用媽媽的話說：「沒有你奶奶，我們兄弟姐妹幾個活著都難。」

從我有記憶起，奶奶就是老太太的模樣：微微駝著的背，要經常染的頭髮，戴著一支鋼錶帶的浪琴錶，坐在床邊捲煙，那煙又辣又嗆。

我小時候想要一個洋娃娃，穿著花邊裙，會眨眼睛的那種，100塊錢。那時候家裡條件不好，爸媽一直沒給我買。奶奶知道後，用棉花和我舊的演出服，給我做了一個布娃娃，超醜。

「目前家裡只能給你這個。」奶奶拿著做了兩天的布娃

娃，跟我說。

「好。」

這個布娃娃睡在我的被窩裡，陪伴了我整個童年。

如今，我已經擁有了很多漂亮的娃娃，進口的、限量的、聯名的、迪士尼的，可是奶奶做的這個醜娃娃，仍然在我家擁有一席之地且百搭好用：可能在沙發當靠枕，可能在床頭墊脖子，可能被卡卡當枕頭，我在陽臺發發呆的時候，也習慣性地把它摟在懷裡。

人就是要不斷面對求而不得。

小時候是一個洋娃娃，是一個玩具，長大以後可能是一份不合心意的工作，是日漸遠去的愛情，是夢想被現實不斷擊碎的聲音。

親愛的奶奶啊，二十幾年後的今天，我才猛然發現，接受現實的第一課，原來是你給我上的。

接受家裡的不富裕，面對現實，珍惜擁有。

✖　✖　✖

生活常常提醒我，奶奶老了。

先是她的味道。大概在我讀高中時，奶奶的身上有了老人味。那是一種藥、煙和衣服混合的味道。然後是她的嘴巴，我發現她牙齒都掉光了，只能囫圇吞下飯菜。奶奶得了肺癌，經常咳嗽，咳出微微的血跡。

看著衰老和疾病在她身上留下諸多抹不去的痕跡，我意識到，奶奶像桌上擺放的軟蘋果，開始緩慢地腐爛了。

奶奶在寒冷的冬天離開，雪花簌簌。

我和我妹各自接到電話，說奶奶已經不在了。她坐高鐵，我趕去機場。我沒問她那天的心情，但我想，她和我一樣，都曾經偷偷轉過頭，沉默地對著車窗流下眼淚。

瘦弱的奶奶像睡著了一樣躺在那裡，我伸手去摸她的手，冰涼僵硬。屋內的小聲抽泣，屋外的大聲號哭，身邊是來來往往的親朋，家裡比平時還要熱鬧一些 。

可不知為什麼，那一刻，我忽然覺得奶奶很寂寞。

原來，老和病，都是對死亡的預習，而死亡是寂寞的。

✖　✖　✖

重讀《我們仨》一書，作者楊絳在書中回憶並寫下了兩

段親人離世的經歷。

1997 年 3 月，楊絳的愛女錢媛因病住進醫院。

在女兒去世前一天，楊絳像是有心靈感應般，提前預知。當時她走在路上，低聲說了一句話：「圓圓，阿圓，你走好，帶著爸爸媽媽的祝福回去。」

1998 年 12 月，錢鍾書也因病住院。

在丈夫臨終前，她強忍內心的悲痛，從容地附在他耳旁，對他說：「你倦了，閉上眼，睡吧。」

後來，錢鍾書的堂弟錢鍾魯先生曾去看望楊絳，本想勸慰，沒想到見面時，她一點眼淚都沒有，一切如常。此後，楊絳一頭紮進書堆，每日筆耕不輟，花了 13 年時間，整理出錢鍾書的所有學術遺稿。

在忙碌且充實的生活中，她漸漸撫平了內心的悲痛，在 105 歲時安然離世。

「草木本無意，榮枯自有時。」

人何其脆弱，一次病毒的入侵，一次微小的失神，一次毫無徵兆的意外，都會讓生命消逝。

最近兩年看書、看電影，忽然意識到，大多數文學影視作品裡都包含著「死亡」這一主題。大家都試圖在這些作品中

尋找和死亡和解的方法。

唯有知道生命無常，才能珍惜和善待每一個日常。

✖　✖　✖

關於死亡，我聽過一個浪漫的解釋：

他只是跳出了時間，變成宇宙裡最原始的分子和原子，重新構建成你身邊的其他事物。以後為你遮風擋雨的大樹是他，為你抵擋嚴寒的毛衣是他，當你疲憊時看到桌上的掛件是他，你散步時迎面吹來的晚風還是他。他以你親人的身份消失了，他卻散落在四周，無處不在。

有時候我覺得，親人的離開就像是你去上學，他去趕集；你在家吃飯，他去田裡幹活。等你去田裡找他的時候，他卻回到家裡。

其實他從未離開，只是你今生的每一個瞬間都會與他擦肩而過。

✖　✖　✖

最難過的，不是他離開的那個當下，而是日後你思念他的每一刻，是生活裡的點點滴滴。

是你在路上看到熟悉的髮型、相似的眉眼、同樣彎曲的駝背；是你去戶政事務所幫他除戶；是家裡面有他味道的床鋪；是不必再每天都拿出來用的血糖儀；是沒有忙碌身影的廚房；是沒人能做出同樣味道的燉鯽魚；是形狀相似的餃子。

親愛的奶奶，當我想你時，我會抬頭看看天上。如果你也想我，就來我的夢裡逛逛。我不害怕。

因為我相信，天上人間，愛永遠都在。

19

/

只要一個女孩的心氣在，
她的江湖就在

很多事情到後面決勝的是「心氣」，
發自內心地學會愛自己、相信自己，
漸漸在心底植根上樂觀、自信和坦蕩。

就像一棵樹木，
只要有了深邃根系和挺直主幹，
無論餘下的日子驟雨狂風，
都能撐過去。

我讀過這樣一段話：我生怕自己並非美玉，故而不敢加以刻苦琢磨，卻又半信自己是塊美玉，故又不肯庸庸碌碌，與瓦礫為伍。

讀者大概是從《這世界很好，但你也不差》開始認識我的。但其實在這本書之前，我已經出版過幾部作品，且毫無波瀾。

很多女孩二十幾歲的時候已經盛放，而我到了三十歲，人生才有了起色。

好像「人生之序」剛剛落筆，才正式進入開篇第一章。

不知道是不是有些晚了？

2013 年 5 月。

我拽著一個不太俐落的棕色格紋行李箱，從當時正在施工的火車站下車。新燙的頭髮被風吹的呼在臉上，大概是定型髮膠噴多了，頭髮硬得像鋼絲一樣。蛋黃色的短袖 T 恤搭淺藍色牛仔褲顯得很土氣。我心裡懊惱，為何剛剛下火車前沒有換上新買的白西服，那可是為了工作特意買的，369 元，對當時的我來說算是大手筆了。

我租的第一個房子，在一個快 30 年的老小區。6 樓，朝北臥室，2500 元一個月。沒有什麼環境可言，但那時候的我並不在意這些，下班有個地方可以回，已經很滿足了。因為堅

持把小狗卡卡接過來，房東漲了 500 元房租，於是房租變成了每月 3000 元。

那個時候的我，不敏感也不脆弱，即便連未來在哪都不知道，但一點都不怕。世間險惡是吧？太好了，我要碰一碰。

我始終覺得人應該在某些時刻，尤其是那些非常重要的時刻，保持和堅守自己的決定，篤定、鎮定，承擔因選擇帶來的風險，且能夠接受結果。

千萬不要輕易後退，你以為退的是一小步，其實你很難再有心氣往前邁進了。後退只會距離自己想要的東西越來越遠，距離自己討厭的樣子越來越近。少跟自己講「算了吧」，多跟自己說「往前走，別回頭」。

每一個起心動念，都是改變人生的引信。

✖ ✖ ✖

有朋友問：「默默無聞的那些年，想過放棄嗎？」

「好像還真的沒有。我只是在那時候意識到，生活不是電影，我也少了點好運氣，但只要大環境還轟轟烈烈，我總有翻盤的機會。」

「心態崩潰過嗎？」

「生而為人，哪有不崩潰的？」

放眼去看，內捲的人，覺得自己像台機器，每天不停地運轉，絲毫無法顧及生活，想不通自己這麼拼命到底是為了什麼，人生有何意義可言；躺平的人，看著別人都在努力奮鬥，自己雖然不內捲但卻懷疑是不是喪失了向上的機會。

還有第三種，就是時而內捲時而躺平的人，那就更無奈了，處於不停地仰臥起坐中，瞻前不顧後，顧頭不顧尾，把破碎的自己重新黏合，來來回回。

拿起手機看短視頻，本意想找幾個無腦搞笑視頻緩解心情，好傢伙，看起來大家都很成功，年輕有為的一抓一大把，不成功的也很幽默很有才華。人人都過得很好，只有自己最慘。無形中又增加了焦慮，然後越想越生氣，能不崩嗎？

但我後來想明白了，你會崩潰，說明你還在給自己找出口、想辦法。

我很喜歡一個詞，叫不破不立。

有些東西摧毀了，才能新生。你害怕改變，那你就必須去改變。你害怕陌生的環境，那你就得想辦法適應新環境，你害怕什麼，就要去面對什麼。

「被忽略過嗎？」

「經常被忽略。」

　　我記得去參加過一次線下的藝術展，類似下午茶的一個小型畫展。

　　在座的每一位，都是被邀請來的。大家禮貌且客氣，彼此寒暄且收斂。每個人都快速地介紹自己，你會發現，每當一些人把自己介紹得高大上的時候，大家都會集體發出「哇」的聲音，分享者顯然也是享受這種集體的羨慕。有些人很低調，分享的時候會放低語氣，含蓄地介紹自己，大家就會很自然地忽略。而我，甚至根本沒有機會，也沒有時間來介紹自己。

　　不過我明白的，如今人和人之間，再也不像從前那般有耐心去互相瞭解。

　　大家都會藉由幾個標籤快速地瞭解一個人，尋找到對自己有價值的那部分資訊。沒有價值的，被輕輕「抹去」也是正常。

　　生活或許不會如我們所期待的那樣，它會變著花樣給我們出難題。而當我們一遍遍去面對它們的時候，好的期待和壞的打算都一併抱著，時刻告訴自己：都會過去的。

　　真的就都過去了。

高中的時候，覺得考不上理想的大學是天大的事；大學的時候，覺得跟喜歡的人分開是天大的事；後來，覺得事業停滯是天大的事……

所以你看，到目前為止，我們已經從自己以為不會過去的事情中倖存了下來，並且大步往前走。

誰不是在破碎中重建自己？心態崩潰不要緊，心氣還在就好。

畢竟，很多事情到後面比拼的是「心氣」。

發自內心地學會愛自己、相信自己，漸漸在心底植根上樂觀、自信和坦蕩。不為外界無關的事物所煩憂，只是穩穩地把該做的事做下去，讓每一處細縫裡都填滿你用心經過的痕跡。就像一棵樹木，只要有了深邃扎根和挺直主幹，無論之後的日子裡怎樣驟雨風急，都能撐過去。

✖　✖　✖

所謂好好生活，學會堅強、學會長大，不是說說而已的。

不管你現在是一個人走在異鄉的街道上始終沒有找到一絲歸屬感，或是你在跟朋友們一起吃飯開心地笑著的時候閃過一絲落寞。

不管你現在是在努力著去實現夢想卻沒能拉近與夢想的距離，或是你已經慢慢地找不到自己的夢想，都要告訴自己：當你遭遇不公和人生小波折的時候，或許，正是上蒼給你的長假，此時就不妨好好地享受這個突如其來的意外，忍住有理說不出的委屈和接受不公，扛住一切難熬的事情和艱難。

　　這個世上沒有什麼是兩全其美的，也沒有成功人士鼓吹的生活和工作的平衡，人生就是取捨。

　　取一條路，捨一條路。要麼熬，要麼忍。

那些一直努力卻無人問津的日子，人們管它叫扎根。

　　在這個過程中，你或許會難過，或許會歇斯底里，但只要你熬過去，就都會慢慢好起來。很多年後，當你回憶過去，很多人和事你都會忘記，唯一能證明你存在過的，只有你用力走過的路。

　　起落不定的人生之中，巔峰未必誰都擁有，但低潮人人都遇過。正是這些經歷證明瞭你的成長，證明你所有的顛沛流離是為了破繭成蝶，證明你的力氣和青春沒有白費。

　　每當有小女孩留言問我關於成長的問題，比如「感覺自己十分的努力都趕不上別人用力一分，感覺沮喪」，「我同學

畢業後都發展得很好，我很自卑」，又或者「根本看不到未來」時，我其實想說，大部分的人都不是踩著紅地毯長大的，你所能感知的一切失落，都是成長為每個人準備的。

我不希望你停下來，躺在泥濘裡什麼都不做，你應該爬起來，一步步往前走，哪怕一路顛簸。

我相信，人是可以通過自己的意願與努力過上想要的一生的。要去期待，去相信，然後一直去做，直至抵達。

成年人最好的狀態是努力趨於知行合一。

少內耗，也不必把時間浪費在氣場不合的事物消磨上，沒有對錯，也無須自證什麼，只是往著自己覺得正確的方向一路狂奔。

生命中任何的驚喜、幸運、收穫，無一不是源自日復一日的努力耕耘。

縱使成功的姿態千萬，努力和堅持必定是最土也最有用的先決條件。

太多的努力和堅持可能看似浪費，但就像你忽然明白的一些道理，其實都是埋有伏筆。

✖ ✖ ✖

如果你問我，對生活是否有失望的時候？

時常有，但基本都會一笑而過，有時笑不出來，我也會哭，但我決不允許自己哭太久，損耗太長時間。

想要做成一件什麼樣的事，或者得到一個什麼樣的人，你要做的不是各種猶豫、糾結，而是靜下心來，踏踏實實，一步一腳印地直接推進度。然後在這個過程中，不要放大自己的感受，更不要給一些東西附加太多沒有必要的意義和焦慮。

因為這種情緒，純粹就是自己嚇自己，也就是實質的內耗。

大多數人並不知道自己想要什麼，卻非常不現實地想要「夢想成真」。

人生中的很多糾結都是來自不知道自己想要什麼，而一旦看到別人擁有，也不管是不是真的跟自己適配，就格外羨慕而心傷。

就像一個小孩子手上有自己的玩具，但是每次看見別的小朋友拿著其他玩具跑過來，就哭哭鬧鬧想要一個同款。

我也曾有很長一段時間懷疑自己的能力範圍、能量極限

在哪裡，因此焦慮失眠。現在已經不再懷疑了，並不是躺平，也不是向生活全面投降。

因為我發現，和別人比較帶來的只是情緒產物。要麼自大，要麼自卑，這兩點都沒什麼積極意義。而且總是跟別人比較是件非常內耗的事，不僅會擊敗自己的信心，還會感到深深的迷茫和焦慮。

很多人深信「出名要趁早」，渴望一夜成名、一夜暴富。

我相信運氣，但是我更相信天道酬勤和厚積薄發的運氣。

只跟自己比就好了，今天比昨天更快樂，今天比昨天更充實，今天比昨天更愛自己一點。

哪怕我依舊是所有人中最普通的那一個，但對於我自己而言，每天前進一小步，那就已經更加接近更好的自己了。

畢竟每個年齡層都有每個年齡層的壓力。

無人問津也好，技不如人也罷，慢慢來，不要太著急，千萬別讓比較帶來的焦慮毀掉你原本的熱情和定力。

不必期待自己花的每一分力氣都一定要被看見和肯定，但請你相信，每一件事都不會白做。

✖ ✖ ✖

如今，我時常跟自己說：

你父母健康開明，事業穩步上升，有房有車有狗狗，無病無災無貸款，沒有為生活焦慮，沒有為金錢發愁，有事業，有朋友，有書看，有劇追，有美食，有喜歡的東西可以買。你不做壞事，你真誠善良，這已經是中等偏上的人生了。

可是怎麼辦？我這個人呀，不太知足，永遠不聽「女孩子差不多就行了」這種話。

怎麼形容現階段的狀態呢？大概就是「輕舟已過萬重山」。

但那隻小船，又有了新的願望和目標。我想繼續寫下去，寫女性成長，寫小城市女孩是如何蛻變的，帶著一種熱情和好奇心。

我想告訴萬千女孩，獨立和不怕失去是我們最好的底牌。

哪怕生活會磨掉我們一部分勇氣和溫柔，但我們還年輕，失去的東西還會長出來，而新的那部分會更加閃亮。

我們只有一張這個世界的體驗券，要盡興地活，多為自己「加值」和製造快樂。面對挑戰，別掉頭就跑，熬過痛苦，學會愛自己而後愛世界，用自己喜歡的方式過一生。

敢和生活頂撞，敢在逆境裡撒野，一直走在開滿鮮花的路上。

你如果問我讀書和寫作有什麼好處？

那大概就是它們讓我不斷地與自己的陰暗、狹隘、自私過招，讓我對喜歡的東西依舊喜歡，但可以不擁有，對害怕的事情依舊害怕，但已經敢於直球對決。

和這世界交手多年，我依舊興致盎然。與錢無關，不過是夢想不死，還想繼續折騰。

願所有女孩的心氣，不曾因外力熄滅過 。

✖　✖　✖

夏天的時候，和老爸飯後散步，聊起我已經工作十年。

「當初你從家走的時候，說是去實習，不行再回來，其實老爸知道，你不會回來了。」

「為什麼？」

「瘦瘦小小的你，扛著那麼重的行李箱，車開時，你連頭都沒有回。」

「哈哈，我都忘了。」

「那天老爸一直看著火車開遠，回去的路上，我跟你媽說，她不會回來了。」

時間就那麼「嗖」地一下，從我身邊閃過。

這十年我笨拙地周旋在人情世故間，應付著周遭的虛偽和不友好，意識到功利的可愛、情意的淺薄，見識了人心的美好與深邃。

我很少提起那些年，就是不太想提起，提起來也覺得沒什麼話好說。說那幾年我一個人很不容易？說出租房的條件很差？說偶爾也會一個人躲起來流眼淚？

算了，沒人愛聽，我也不愛說，彷彿說什麼都會覺得太淺了、太輕了。

時間的流逝總讓人心生感歎，哪怕你並未虛度光陰，充分利用時間，但回頭望也會覺得難過。

難過什麼呢？我也說不清。走過的時間就像被命運封存一樣，那條路沒辦法再走一次。

人和事、我的心境、我的靈感、我的心酸、我的難處，都像被包裝好的禮物，無論如何都拆不開第二次。

但還好，我並不想重新來過。

✖ ✖ ✖

「姐姐，怎麼才能成為像你一樣的人？」

我看著這條私訊，愣了很久。

二十幾歲的時候，不知道自己想要什麼很正常。社會永遠在灌輸女性，如果你走與別人相同的路，宇宙就沒辦法在人群中識別到你，那它怎麼給你驚喜？

　　要知道，女生除了漂亮，還要有很多形容詞：充滿好奇的、勇敢冒險的、野心勃勃的、不囿於成見的……每個女孩都可以有一條自己的路。

　　年輕的女孩啊，除了你自己，不要想著成為任何人，也不必聽從任何建議，包括我說的。我從來不是什麼成功範本，甚至有些平庸。

　　人生沒有一紙藍圖或者標準公式，做你自己，就是最好的答案。

　　寫到這兒，我似乎可以回答首篇問自己的那個問題了。

　　很多女孩二十幾歲的時候已經盛放，而我到了三十歲，人生才有了起色。不知道是不是有些晚了？

　　並不是。任何人都無法保持一直年輕，少女感是註定會流失的東西。**女性身上應該擁有自己獨特的品格，比如力量、智慧、友善、寬和、敏捷。**

　　女性的成長應該不止一面，永遠都要向前一步，更大膽地去探索自己應該擁有什麼，更積極地去實現自己想要的生活。

我確實沒有昨日那般年輕，但我比昨日更懂得思考；我無法再像從前那般無所畏懼，但我比從前更看得清方向。

我有自己的人生劇本，我沒有比任何人晚。
二十幾歲的時候，我想成為很多人；三十歲之後，我只想成為我自己。

✖　✖　✖

讀過一段很喜歡的話，分享給你們：

祝你心裡有一片永不乾涸的海，祝你心裡燭火不熄，永遠像等風的聲音一樣，為每一次花開、每一次豐盈、每一個深刻的瞬間而心動。

祝你即使失望也能保持澄澈與溫度，即使痛苦也能傾聽自己內心的聲音，永遠愛著從至暗荒蕪裡生出來的喜悅，永遠有從生活的紛繁中短暫逃離的出口。

祝你墜落也能清醒，破碎也能重塑；祝你未來能真正地開心快樂。海水永遠在漲潮，你心裡有一片永不乾涸的海。

希望你也能找到自己的那片海。

後記

—

想再囉嗦幾句
給女孩們……

1. 二手思想其實特別可怕。

要有自己獨立思考、審美和判斷的能力。不要別人說哪條路好走，你就走到黑；不要影評人說電影不好看，你就取消訂票；不要不敢嘗試各種各樣的人生。

別過「聽說」的人生，二手的永遠是別人的，一手的才是自己的。

2. 敏感和悲觀，並不是你的錯。

或許你並不是負能量的人，只是容易傷心的小孩。

你可能會抱怨自己的運氣不好，但請別懷疑自己依然是個溫暖的人。

你已經很棒了，你不需要去跟別人比較情緒，這是正常的成長過程，加油，好運會來的。

3. 人長了嘴，就是要把誤會說清楚。

溝通是解決問題最直接的方式，我們要學會去表達自己的情緒，而不是發洩情緒。坦然說出自己的不開心，大方表達自己的愛意。

4. 讀書和旅行是有力量的。

不停地看書，看文學歷史。不停地走，看山川大地。儘管這些書、這些路，可能與你的未來無關，但它們會在你的心裡留下痕跡。

人不該是一張只寫著酒色財氣的潦草白紙。讀書和旅行會讓你知道，我們要允許自己做自己，允許別人做別人。

5. 不要成為沉迷感情的廢物。

老天讓你結束一段關係，並不是剝奪你的幸福，而是老天覺得你受的委屈太多，想給你安排一個珍惜你的人。

所以，不要害怕失去，你能失去的本就不屬於你，也別害怕受傷，因為傷害你的人，早就該結束了。

6. 休息這件事，不是要你一直在家睡覺。

去做一些自己感興趣的事，讓生活的步調得到喘息的機會。生活沒有解藥，但止痛藥很多，比如跑步、健身、閱讀、養花、看展……

記得培養一些看似無用的愛好來化解生活的疲憊，哪怕是隨手拍拍路邊的花草，都是你給自己充電的小方法。

7. 對任何人和事，不要過分期待。

一切順其自然，聊到什麼算什麼，命運把你們帶到哪兒就算哪兒。

不去奢求那些無法碰面的美好，從每一個當下解放自己。不把全部心思束縛於對他人關係的期盼中，從看見的那一秒獲得快樂，而不是在期待中起起落落。

8. 反省自己看男人的眼光。

對男生加分的品項，應該是尊重女性，學習能力強，對自己有規劃，對情感有約束。懂得賺錢，但不執著於錢，願意帶領女生，兩個人一起成長。

而不是，長得帥、會打扮、只會早請示晚問候的
情話，無底限的包容等等，這些變化性極大，且消耗
型的特質，沒什麼好心動的。

9. 珍惜身邊的朋友。

你人生的朋友額度，其實是有限的。

當然可以向上社交，但那些一起走過青春的老朋
友也很珍貴。生活中，不可以沒有酒肉和膚淺的快樂。
他們會把你熱熱鬧鬧地，從孤獨和悲傷中推出來，那
些「沒用」的朋友，其實給你的快樂最多。

10. 二十幾歲，去做自己想做的，沒什麼好怕的。

隨波逐流可能會讓你被暫時的安逸矇了雙眼，但
長此以往，註定會覺得無聊，會在深夜發出「我就要
這樣到老？」的質疑，這質疑絕對會讓你惶惶不安。

如果想做的事有點難度，那就更好了。去觸碰、
去犯錯。喜歡的事沒有失敗或成功，只要你做過，就
算贏。

11. 所有的一切，不過是在為自己的選擇買單。

不要後悔對任何一個人好，哪怕是看錯人，哪怕
是被辜負。因為你對他好，並不代表他有多好，而是
因為你好。

12. 每個人來人間的任務不同。

有人的任務體驗煙火，所以早早就成家，有合心的伴侶陪伴他；有人的任務就是打通自身；有人的任務是梳理關係；有人的任務是落地開眼，看清真相。

和別人比較可能毫無意義，弄明白「我」想要什麼，要怎麼做。

13. 女性的魅力是一種磁場。

濃眉大眼高鼻梁，身材苗條衣品好，當然好看，像一幅華麗的畫像，路人都會想要欣賞，卻無心為你停留。因為如果心裡沒有東西，就流動不起來。

你自己磁場散發出的氣息和美感，遠遠大於精雕細琢的無關和身材。

14. 人要有逆轉的能力。

畫地為牢困住的只有你自己。這世界沒有完全快樂的人，只有想得開的人。山窮水盡藏著峰迴路轉，一地雞毛也能湊出一個雞毛撣子。讓過去的過去吧，讓未來到來。

15. 人的精力有限，無需討好全人類。

不用想著去做一個符合別人內心標準的人，真的沒必要。數學不好、不會穿搭、化妝技術一般、沒什

麼運動天賦、打遊戲不夠機敏，都沒關係。更不要有
「如果別人不喜歡怎麼辦」這種想法，當你大大方方
表達自己的觀點和喜好，不要怕聽到不一樣的聲音，
因為和你同能量同頻的人自然會相互吸引而來。

把壓力值降低，不完美地做自己，已經很好了。
畢竟，人生是用來體驗的，不是用來演繹完美的。

16. 交往的本質不只是為了能一起去玩。

一起吃飯、玩耍、旅行，只是附帶的東西，互相
支撐著對方的生活成為彼此的力量，才是交往的本質，
不能在一起的時刻，也要能相互成為彼此的力量，在
人生艱難時候只要想起對方，就能生出幾分勇氣前進，
希望我們互為支撐，成為彼此的力量。

17. 懂點人情世故，沒壞處的。

常常有人認為，成熟就是變得圓滑世故，違心話
脫口而出，還會拍各種馬屁。這並非成熟，而是世故。
成熟是調高內心的容錯率，變得寬厚而善良，知世故
而不世故，歷圓滑而留天真。

因為心不怕苦難，它怕委屈。

人啊，要相容並蓄。脾氣這東西多不得，一點沒
有也是萬萬不可的。該得體的時候必須得體，該理直
氣壯維護自己的時候，半點都不要怯懦。

18. 當你沒有把時間利用好，時間便會懲罰你。

倘若一下子把生活的蜜罐打翻，沈迷在黏膩的甜蜜裡，那等待我們的，必定甜味盡散後，難以承受的酸澀苦楚。當你提前透支了過多的安逸與享樂，最後追逐而來的、加量的焦慮與崩潰，便是你應得的報償了。

19. 戀愛是消遣，不是人生。

戀愛沒有那麼難，承認自己的需求也沒有那麼可怕。只要我們從內心深處，明白它只是很小很小的一部分就足夠。撼動不了巨大的命運，甚至解決不了實際的困境。戀愛是草莓最甜的尖端，是西瓜最中間的那塊，但唯獨不是人生。

20. 去瞭解這個世界更多的面貌。

知道還有那麼多人比你努力，也有那麼多人過的比你辛苦，你才能擁有廣闊的胸襟，也才能在這束手束腳的命運中，剝離掉無用的癡纏眷戀，活的更豁達和坦然。

21. 你對待過去的態度很重要。

希望你明白，沒有什麼比「此刻」更為重要。處理好與過去的關係，不要自憐、不要沉溺在過去任何

一種情緒自我麻痺中。童年的不快樂、青春期的自卑等等，不要過分誇大任何一個時期。你可以選擇淡忘，選擇彌補、選擇一種你認為合理的方式消除它。

能收藏好自己的過去，才會更好前行。

22. 沉浸式做自己，不要東張西望。

有的人之所以迷人，是因為他擅長做自己。不要把對自己的認同放到別人的身上，只要你不對自己失望，一切就沒那麼糟糕。誰都可以不喜歡你，但你自己不可以。

富能量

每個人的花期不同

作　　者：萬特特
責任編輯：林麗文
封面設計：@Bianco_Tsai
內文排版：王氏研創藝術有限公司

總 編 輯：林麗文
主　　編：高佩琳、賴秉薇、蕭歆儀、林宥彤
行銷總監：祝子慧
行銷企畫：林彥伶

出　　版：幸福文化出版／遠足文化事業股份有限公司
發　　行：遠足文化事業股份有限公司（讀書共和國出版集團）
地　　址：231 新北市新店區民權路 108 之 2 號 9 樓
郵撥帳號：19504465 遠足文化事業股份有限公司
電　　話：(02) 2218-1417
信　　箱：service@bookrep.com.tw

法律顧問：華洋法律事務所 蘇文生律師
印　　製：通南彩色印刷有限公司
初版一刷：2024 年 4 月
初版三刷：2024 年 5 月
定　　價：380 元

國家圖書館出版品預行編目 (CIP) 資料
每個人的花期不同 / 萬特特著 . -- 初版 . -- 新北市：幸福文化出版社出
版：遠足文化事業股份有限公司發行，2024.04
　面；　公分
ISBN 978-626-7427-10-1(平裝)
1.CST: 人生哲學
191.9　　　　113000921

978-626-7427-10-1（平裝版）
978-626-7427-45-3（誠品版）

978-626-7427-50-7（PDF）
978-626-7427-47-7（EPUB）